Alles klar!

Lern- und Übungsheft

# Rechtschreiben 7|8

Neue Ausgabe

Erarbeitet von

Alexandra Dauth und
Toka-Lena Rusnok

Cornelsen

## Textquellenverzeichnis

**S. 6** Helden aus Knete. Nach: Richard Platt: Film und Kino: Geschichte, Technik, Stars. Aus dem Englischen übersetzt von Manfred Kottmann. Hildesheim: Gerstenberg 1992, S. 53. **S. 7** Da zeichnet jemand ... Nach: Richard Platt: Film und Kino: Geschichte, Technik, Stars. Aus dem Englischen übersetzt von Manfred Kottmann. Hildesheim: Gerstenberg 1992, S. 50. **S. 8** Der amerikanische Produzent Walt Disney ... Nach: Richard Platt: Film und Kino: Geschichte, Technik, Stars. Aus dem Englischen übersetzt von Manfred Kottmann. Hildesheim: Gerstenberg 1992, S. 50. **S. 11** Donald Duck kommt in den Hollywood-Himmel. Nach: http://www.geo.de/GEOlino/nachrichten/2637.html [11. 8. 2004]. **S. 12** Die ersten Trickfilme. Nach: Richard Platt: Film und Kino: Geschichte, Technik, Stars. Aus dem Englischen übersetzt von Manfred Kottmann. Hildesheim: Gerstenberg 1992, S. 51. **S. 14** Rockmusik für Haustiere. Nach: Radio für Haustiere. http://www.geo.de/GEOlino/nachrichten/4582.html [3. 11. 2005]. **S. 15 und 16** Fische bekommen bei Mozart Appetit. Nach: http://www.geo.de/GEOlino/nachrichten/4846.html [4. 1. 2006]. **S. 19** Wenn Rapper dichten. Nach: Stephanie Busch/Ulrich Noller: Das Haus-Buch. Hier wohnt das Wissen der Welt. Berlin: Berlin/Bloomsbury 2007, S. 190. **S. 21** Wie schmeckt Musik? Nach: //www.geo.de/GEOlino/nachrichten/3549.html [4. 3. 2005]. **S. 22** Umweltschonend abtanzen. Nach: Wo Tanzen Erleuchtung bringt. Geolino Extra 21/2009, S. 24. **S. 25** Das kleine „Wolferl" ... Nach: Wolfgang Amadeus Mozart. Das Wunderkind. Geolino Extra 23/2010, S. 35. **S. 27** Ton- und taktlos. Nach: Geolino Extra 23/2010, S. 51; Forscher haben kürzlich ... Nach: Trommeln haut rein. Geolino Extra 23/2010, S. 51. **S. 28** Geige vergessen. Nach: Teure Violine im Zug vergessen. http://www.welt.de/die-welt/vermischtes/hamburg/article7772517/Teure-Violine-im-Zug-vergessen.html [25. 5. 2010] **S. 29** Kann Gesang Glas sprengen? Nach: Geolino Extra, 23/2010, S. 50. **S. 30** Wann wurde das Telefon erfunden? Nach: Irvin Robbin: Erfindungen, die unsere Welt veränderten. Hamburg: Tessloff 1982, S. 46. **S. 31** Warum bleibt ein Flugzeug in der Luft? Nach: Rainer Köthe: Tessloffs großes superschlaues Antwortbuch. Hamburg: Tessloff 2004, S. 50. **S. 33** Wie funktioniert eine Batterie? Peter Albrecht: Geniale Erfindungen. Vom Dosenöffner zum Internet. Fränkisch-Crumbach: Edition XXL 2008, S. 32. **S. 35** Wer erfand das Automobil? Nach: Irvin Robbin: Erfindungen, die unsere Welt veränderten. Hamburg: Tessloff 1982, S. 43. **S. 37** Von grünen Männchen und strahlenden Mädchen. / 1868 wurde die weltweit erste ... Nach: Martin Verg: Von grünen Männchen und strahlenden Mädchen. In: Geolino 3/2011, S. 12f. **S. 39** 1924 wurde in Berlin die erste ... Nach: Martin Verg: Von grünen Männchen und strahlenden Mädchen. Geolino 3/2011, S. 12f. **S. 59** Wesen der Tiefe. Nach: Bernd Flessner. Geheime Codes und verschollene Schätze. Zwanzig ungelöste Rätsel der Menschheit. Weinheim/Basel: Beltz und Gelberg 2008, S. 10f. und S. 14f. **S. 63** Nessie, der badende Zirkuselefant? Nach: http://www.geo.de/GEOlino/nachrichten/5189.html [7. 3. 2006]. **S. 69** Ein Floß wird kommen. Nach: Geolino 10/2009, S. 22. **S. 71** Stress vorm Fest. Nach: Geolino 12/10, S. 23. **S. 72 und 73** „Spiderman" begeistert Fans weltweit. / Französischer „Spiderman" vorm Ziel gescheitert. Nach: http://www.tagesspiegel.de/weltspiegel/franzoesischer-spiderman-vorm-ziel-gescheitert/1174932.html [25. 2. 2008]. **S. 79** Die unsichtbare Macht. Nach: Geolino Extra, 21/2009, S. 6.; Elektrizität – Was die Welt erhält. Nach: Geolino Extra, 21/2009, S. 7; Computer mit Kurbel. Nach: Geolino Extra 21/2009, S. 52; Lange Wege. Nach: Geolino Extra 21/2009, S. 85. **S. 80** Federball. Nach: Geolino 9/2010, S. 41; Laufen fürs Köpfchen. Nach: http://www.geo.de/GEOlino/nachrichten/56947.html [22. 4. 2008]; Neue Sportart? Nach: Katja Grundmann: Über seinen Schatten springen. http://www.geo.de/GEOlino/mensch/redewendungen/deutsch/64989.html [9. 8. 2010]; Golf im Weltall. Nach: http://www.geo.de/GEOlino/nachrichten/52000.html [23. 11. 2006].

## Bildquellenverzeichnis

**S. 6** © Kobal Collection **S. 12** picture-alliance / maxppp / © Selva/Leemage, Frankfurt a. M. **S. 14** © W.Scott-Fotolia.com **S. 30** picture alliance / Everett Collection, Frankfurt a.M. **S. 35** ©aka111-Fotolia.com **S. 37** © Arcyd-Fotolia.com **S. 39** Leipziger Internet Zeitung / Ralf Julke **S. 43** © Impala-Fotolia.com **S. 59** © runzelkorn-Fotolia.com **S. 68** © Cerridwen-Fotolia.com **S. 72** picture alliance / abaca, Frankfurt a. M. **S. 79** © Al Rublinetsky-Fotolia.com

**Redaktion und Bildrecherche:** Ulrike Staffehl
**Illustrationen:** Susann Hesselbarth, Leipzig
**Umschlaggestaltung:** Cornelsen Verlag Design
**Layout und technische Umsetzung:** Wladimir Perlin, Berlin

**www.cornelsen.de**

1. Auflage, 6. Druck 2020



Druck: Athesiadruck GmbH

**Ausgabe ohne CD**
ISBN 978-3-464-60451-9

**Ausgabe mit CD**
ISBN 978-3-464-60250-8

PEFC zertifiziert
Dieses Produkt stammt aus nachhaltig bewirtschafteten Wäldern und kontrollierten Quellen.
www.pefc.de
PEFC/18-31-166

# Inhalt

## Strategien 2

## Strategien 1 – So vermeidest du Rechtschreibfehler

### Seite 6

**1 b)** [Geld] – Ich verlängere das Wort.
[Verrücktes] – Ich achte auf inhaltliche Bezüge im Satz.
[widersprechen] – Ich wende Regeln und grammatisches Wissen an.
[nächste] – Ich zerlege das Wort und nutze den Wortstamm und die Wortbestandteile.

**2** [aggressiv] – Ich schlage das Fremdwort im Wörterbuch nach und merke mir die Schreibung.
[Kunststoffknetmasse] – Ich spreche das Wort genau und zerlege es in Silben.

### Seite 7

**1 b)** betonte lange Vokale: die Figuren, sie, schweben
betonte kurze Vokale: tanzen, das Blatt, der Himmel

**2 a)** lange Vokale: die Bahn, der Stahl, die Lüge, die Saat, die Miete, der Stil, die Maße, ihm
kurze Vokale: die Masse, der Bann, der Stall, die Mitte, die Lücke, satt, im, still

**b)** Bahn – Bann, Maße – Masse, Stahl – Stall, Lüge – Lücke, Miete – Mitte, Saat – satt, Stil – still, ihm – im

**c)** *So könnte deine Lösung lauten:*
Die *Bahn* war heute pünktlich.
Seit dem Mittagessen bin ich richtig *satt*.
Sie ist heute sehr *still*.
*Ihm* ist das Lachen vergangen.
Die Kuh steht im *Stall*.

### Seite 8

**1** ➚ s. Tabelle unten

**2 b)** Der amerikanische Produzent Walt Disney brachte 1937 mit „Schneewittchen und die sieben Zwerge" den ersten farbigen und vertonten Zeichentrickfilm in Spielfilmlänge heraus. Bis dahin kannte man nur kurze Trickfilme im Vorprogramm.

### Seite 9

**1** Nomensuffixe: -ung, -heit, -schaft, –tum, -keit, -nis
Adjektivsuffixe: -bar, -haft, -isch, -ig, -lich, -sam

**2** der Mensch: menschlich, die Menschlichkeit
der Meister: meisterhaft, die Meisterschaft
trauern: traurig, die Traurigkeit
trennen: trennbar, die Trennung
bestechen: bestechlich, die Bestechung
gestehen: geständig, das Geständnis

**3** träumen: der Traum – träumerisch, der Albtraum
nächster: nach – nächster, nachfolgend

| | | |
|---|---|---|
| Nomen oder andere Wortarten, die zu Nomen geworden sind, schreibt man groß. | | z. B.: *viel, lieben, das Spiel* |
| Die Buchstaben *ck* und *tz* stehen nur nach einem kurzen betonten Vokal, nach langem Vokal oder nach einem Doppellaut schreibt man immer *k* oder *z*. | | z. B.: *die Kinokarte, etwas Schönes, das Lächeln* |
| Die Höflichkeitsformen des Anredepronomens werden immer großgeschrieben. | | z. B.: *der Platz, der Trick, anpacken, setzen, die Kanzel* |
| Das lang gesprochene *i* wird in den meisten Fällen mit *ie* geschrieben. | | z. B.: *Ich hoffe, Ihnen wird der Film gefallen.* |

Tabelle zu Seite 8, Aufgabe 1

## Seite 10

**1** Dort trinkt er gerne Cola. → Infinitiv: trinken
Das Mädchen neben ihm ringt um Fassung. → Infinitiv: ringen
Der Held reitet auf einem Pferd davon. → Plural: die Helden, die Pferde
Er trägt ein Schwert von großem Wert. → Infinitiv: tragen, Plural: die Schwerter, die Werte

**2** +++ Raubkopierer kommen vor Gericht +++ Neuer Trickfilm aus Japan beim Publikum sehr beliebt +++ Regisseur: „Hoffentlich gelingt mein neuer Film!" +++ Soundtrack zur neuen Fantasy-Serie aus dem Stand auf Platz eins +++ Nach Blamage auf Film-Premiere: Filmstar schweigt +++ Nach Riesenerfolg schwimmt Produzent in Geld +++

## Seite 11

**1 b)** die Straße, tausende Sterne, (Namen der) größten Schauspieler, (einem) berühmten Einwohner, seinen Platz

**c)** ↗ s. Tabelle unten

**2 a) und b)** Viele Berühmtheiten spielen in berühmten Filmen mit und werden dadurch noch berühmter.
Mit raffinierten Tricks tricksen viele Trickfilmer in ihren Trickfilmen.

## Seite 12

**3 b)**

| Begleitwort | Nomen |
|---|---|
| die ersten = Artikel + Zahlwort | (die) Zeichentrickfilme |
| befriedigende = Adjektiv | (die) Ergebnisse |
| (bei) der = Artikel | (die) Herstellung |
| seine = Possessivpronomen | (die) Licht-Pantomimen |
| durchsichtige = Adjektiv | (die) Folien |
| (mit) einem raffinierten = unbestimmter Artikel + Adjektiv | (das) Verfahren |

## Seite 13

**1 b)** *So könnte deine Lösung lauten:*
Groß und Klein sind eingeladen.
Im Schwimmbad haben die Großen ihren Spaß.
Im Großen und Ganzen bin ich zufrieden.
Ich freue mich auf die große Pause.
Mein großer Bruder hat morgen Geburtstag.
Ich habe großen Hunger.

| bestimmte Artikel | unbestimmte Artikel | Possessiv-pronomen | Mengen-angaben | Adjektive | Nomen |
|---|---|---|---|---|---|
| die | | | | | Straße |
| der | | | | | Stars |
| | | | tausende | | Sterne |
| der | | | | größte | Schauspieler |
| | einem | | | berühmten | Bewohner |
| | | seinen | | | Platz |

Tabelle zu Seite 11, Aufgabe 1 c)

**c)** Richtig sind die folgenden Aussagen:
- Innerhalb von Straßennamen schreibt man das Wort „groß“ groß.
- Das Wort „groß“ kann man steigern.

**2** Ein Kinobesuch ist für die Großen und Kleinen das Größte. Bei den großen und kleinen Zuschauern erfreuen sich Zeichentrickfilme größter Beliebtheit. Im Großen und Ganzen war der Film spannend. Durch die Produktion ist der Schauspieler groß herausgekommen. Viele Filme finden ihren Weg über den Großen Teich zu uns.

## Übungen – Groß- und Kleinschreibung

### Seite 14

**1 Rockmusik für Haustiere**

Viele Haustiere müssen oft von morgens bis abends allein zu Hause bleiben. Aber was machen sie eigentlich den ganzen Tag, so ganz ohne Gesellschaft? Musik scheint hier das Beste gegen Langeweile zu sein. Damit die allein gelassenen Haustiere nicht ganz so einsam sind, bietet ein Amerikaner ein Internet-Radio für Tiere an. Der Gründer des Radios, Adrian Martinez, hat selbst sechs Hunde und zwei Katzen und kam schließlich auf die Idee. Vorlieben wurden auch schon ausgemacht: Im Allgemeinen bevorzugen die Zwei- und Vierbeiner Rock-Musik der 80er-Jahre.

**2**

| Großschreibung: Dieses Wort ... | Beispiel |
|---|---|
| ... ist ein Nomen. | der Gründer |
| ... ist ein Nomen mit einem typischen Suffix. | die Gesellschaft |
| ... ist ein nominalisiertes Verb oder Adjektiv. | das Beste |
| ... ist eine feste Wendung. | im Allgemeinen |
| ... ist ein Eigenname. | Adrian Martinez |

| Kleinschreibung: Dieses Wort ... | Beispiel |
|---|---|
| ... ist ein Adjektiv mit einem typischen Suffix. | einsam |
| ... ist ein Zeitadverb mit *s* am Ende. | morgens |

### Seite 15

**1 a) und b) Fische bekommen bei Mozart Appetit**

Mozart ist der Superstar der klassischen Musik. Selbst Fische fahren auf seine Musik ab. Das haben griechische Forscher herausgefunden. Sie beschallten über Monate hinweg unterschiedliche Fischarten mit Mozarts Kompositionen. Beim Versuch wurde deutlich, dass den meisten Fischen diese musikalische Untermalung offensichtlich gefiel und ihren Appetit anregte.

**c)** bestimmter Artikel: der Superstar
versteckter Artikel: beim Versuch
Mengenangabe: den meisten Fischen
Adjektiv: griechische Forscher
Possessivpronomen: seine Musik

**2 a)** Beim Versuch wurde deutlich, dass den meisten Fischen diese musikalische Untermalung offensichtlich gefiel und ihren Appetit anregte.

**b)** Er möchte auf diese Frage antworten.
Er geht immer wieder auf dieselbe Frage ein.

**c)** *So könnte deine Lösung lauten:*
1. *diejenigen:* Diejenigen, die etwas sagen wollen, sagen es jetzt oder schweigen für immer.
2. *solch ein:* Mit solch einem Regen hatten wir nicht gerechnet.
3. *jenes:* Jenes Bild dort gefällt mir besonders gut.

**Seite 16**

**3 a) und b)** Fische scheinen also echte Klassikfans zu sein. Die Forscher erklärten sich die ungewöhnliche Reaktion der Fische folgendermaßen: Die Mozart-Stücke vermindern bei den Fischen den Stress und hellen ihre Laune spürbar auf. Dafür spricht auch die Tatsache, dass die Fische im Wasser eine kräftigere Farbe bekamen, was auch ein Zeichen dafür ist, dass die Tiere sich gut fühlen.

**Seite 17**

**5** (Die) Fische scheinen also echte Klassikfans zu sein.

**6 a)** die Entspannung, die Freundschaft, die Bewegung, das Ergebnis, die Gemeinheit, das Brauchtum, die Genauigkeit, die Schwierigkeit, die Feindschaft, die Gleichheit, der Reichtum, das Zeugnis

**b) und c)**

| Nomen-Suffix | Nomen |
|---|---|
| -ung | die Entspannung, die Bewegung, die Endung, die Landung, die Wanderung, die Eignung |
| -schaft | die Freundschaft, die Feindschaft |
| -nis | das Ergebnis, das Zeugnis, die Wildnis, das Verzeichnis |
| -heit | die Gemeinheit, die Gleichheit, die Bekanntheit, die Berühmtheit, die Trockenheit |
| -tum | das Brauchtum, der Reichtum, das Heiligtum |
| -keit | die Genauigkeit, die Schwierigkeit, die Achtlosigkeit, die Boshaftigkeit |

**Seite 18**

**1 a), b) und c)**

Weltbekannter Pianist: Mein Megahit entstand beim Herumklimpern

Durch jahrelanges Üben endlich am Ziel

☒ Superstar nach [dem] Singen heiser

**2** Beim Singen erzeugen die Stimmbänder Töne. Das Üben gehört dazu, wenn man ein guter Musiker werden möchte. Beim Musizieren wird z. B. gemeinsam Musik gemacht. Ein Musikinstrument wird beim Stimmen so eingestellt, dass es sich richtig anhört. Das Rappen ist eine Art Sprechgesang. Beim Komponieren wird ein Musikstück „erfunden". Das Gehör nimmt beim Hören Töne wahr. Das Vorspielen ist meist Bestandteil einer Aufnahmeprüfung. Beim Aufnehmen wird Musik auf einem Tonträger gespeichert. Durch das Dirigieren gerät ein Orchester nicht aus dem Takt.

**Seite 19**

**3 Wenn Rapper dichten**

Wichtig bei einem Rapsong ist vor allem das geschickte Zusammenbringen von Musik und Text. Rapstücke sind gesprochene Texte, bei denen sich oft mehrere Rapper beim rhythmischen Sprechen abwechseln, sich gegenseitig ins Wort fallen oder ein regelrechtes Wortgefecht führen. Die Musik ist meist ein 4/4-Takt, auch „four to the floor" genannt. Beim Formen der Verse wird nach der von der Musik vorgegebenen Takteinheit vorgegangen. Wer keine Lust hat, selbst einen Rap zu dichten, kann sich z. B. auch bei anderen Gedichten bedienen.

**4 a) und b)** *So könnte deine Lösung lauten:*

Sie sagte etwas Lustiges. / Wir schenkten ihr etwas Wertvolles. /

Der Vortrag enthielt wenig Unterhaltsames. / Wir lernten viel Nützliches. / Wir erfuhren nichts Genaues. / An der Nachricht gab es nichts Schlechtes.

**Seite 20**

**6 a) und b)** Klassische Musik ist etwas total Langweiliges.
Hiphop war damals etwas wirklich Neues.
Gibt es etwas Tolleres als Rockmusik?

**Seite 21**

**1 a) Wie schmeckt Musik?**

Musik spielt im Allgemeinen für jeden eine wichtige Rolle. Wir finden sie schön oder doof, sie macht uns fröhlich oder traurig. Aber dass man Musik auch schmecken kann, haben viele nicht im Geringsten vermutet.

**2** Bei Musik geht es im Allgemeinen um das Hören. Eine 27-jährige Musikerin aus der Schweiz allerdings „schmeckt" Musik. Ihr Talent besteht im Wesentlichen darin, dass sie beim Musikhören verschiedene Geschmacksrichtungen auf der Zunge fühlt. Viele wären nicht im Entferntesten darauf gekommen, dass man Musik schmecken kann. Man ist sich auch noch im Unklaren darüber, wie diese Sinneswahrnehmung funktioniert.

**3 b)** *So könnte deine Lösung lauten:*
Die Klasse konnte den Erläuterungen des Lehrers im Großen und Ganzen folgen. / Er mag Musik, Hip-Hop im Besonderen. / Im Nachhinein wurde mir klar, was er meinte. / Im Voraus lässt sich noch nicht abschätzen, wie lange die Arbeit an dem Projekt dauern wird. / Über die Beweggründe des Täters sind sich die Ermittler noch im Unklaren.

**Seite 22**

**1 b)** Die Adjektive gehören zu einem Nomen im Satz.

**2** männlich – sportlich – sparsam – heilbar/heilsam – neidisch – schrecklich – fettig – endlich – essbar – schädlich – ratsam – wellig – täglich

**3 b) Umweltschonend abtanzen**

„Watt" ist die erste Ökodisko der Welt und zugleich eine der umweltfreundlichsten.
Die Betreiber der Rotterdamer Disko waren auf der Suche nach einem neuen Konzept, denn das alte hatte ausgedient.
Die aktivsten Tänzer sind hier zugleich die fleißigsten: Je heftiger man tanzt, umso mehr Watt erzeugt man.

**Seite 23**

**1 b) Schülergruppe hatte Glück im Unglück**

**Hamburg.** Bei einem Sportfest in Hamburg-Eimsbüttel wurden am Sonntag zahlreichen Schülern die Wertgegenstände entwendet.
Ein Dieb drang am Sonntagnachmittag in die Umkleideräume einer Sporthalle ein und stahl Uhren und Schmuck sowie Bargeld. Bereits am späten Montagabend wurde er jedoch von der Polizei gefasst, sodass den Schülern am Dienstagmorgen ihre Wertgegenstände zurückgegeben werden konnten. Der Dieb wurde am gestrigen Nachmittag von der Polizei verhört.

**d)** *So könnte deine Lösung lauten:*
- am Donnerstag, diesen Samstag
- am Montagmittag,
  jeden Dienstagnachmittag
- gestern Mittag, morgen Vormittag

**2 a)** blau: morgens, nachmittags, abends
rot: am Wochenende, am Sonntag

**Seite 24**

**4** Sie spielt jeden Samstagnachmittag Fußball.
Ich habe dich vorgestern angerufen.
Leider verpasste ich heute Morgen meinen Bus.
Meine neuen Nachbarn stellten sich eines Abends vor.
Kannst du mir morgen Mittag bitte helfen?

**5 a) und b)** *So könnte deine Lösung lauten:*
Montag: Tennis
Dienstag: Schach
Donnerstag: Schach
Samstag: Erste-Hilfe-Kurs
Am Montag spiele ich Tennis. Ich gehe dienstags und donnerstags immer zum Schach.

Auf meinen Erste-Hilfe-Kurs am Samstag freue ich mich schon.

**Seite 25**

**1 b)** blau: der Dreijährige, der Sechjährige
rot: vier, zwei, sieben, fünfunddreißig, sechshundert

**c)** Das kleine „Wolferl" erreicht kaum die Tasten, Klavier spielen will der Dreijährige trotzdem – wie die vier Jahre ältere Schwester „Nannerl". Also gibt Vater Leopold seinen zwei Kindern Unterricht. Mozart entpuppt sich als Wunderkind. Der Sechsjährige beginnt, eigene Stücke zu schreiben.
Auch als Erwachsener bleibt er fleißig, sitzt häufig schon um sieben Uhr am Schreibtisch und komponiert. Er stirbt mit fünfunddreißig Jahren – an welcher Krankheit weiß man bis heute nicht genau. Mehr als sechshundert Stücke hat er während seines kurzen Lebens erschaffen.

**3** Wir lesen das dritte Kapitel. / Ich hätte gerne zwei Kugeln Eis. / Jeder Zweite sieht gerne fern. / Am Zwanzigsten habe ich Geburtstag. / Er belegte den ersten Platz. / Leider wurde sie nur Letzte. / Er hat eine Drei geschrieben. / Die Siebenjährige ist sehr begabt. / Das ist meine achte Reise nach Italien.

**Seite 26**

**1 a)** Stromausfall am Heiligen Abend
Kippt der Schiefe Turm von Pisa?
War Friedrich der Große Vegetarier?
Spendenrekord beim Roten Kreuz

**b)** das Europäische Parlament / das Schwarze Meer / der Stille Ozean / das Weiße Haus / der Bayerische Wald / der Ferne Osten / die Neue Welt

**2** *So könnte deine Lösung lauten:*
Um von meinem Zuhause zur Schule zu kommen, biege ich rechts in die Schillerstraße ein. Dann gehe ich geradeaus bis zum Goetheplatz. Den Platz überquere ich noch, und biege dann links in die Hölderlinallee ein. Die gehe ich bis zum Ende, denn meine Schule befindet sich ganz am Ende der Straße auf der rechten Seite.

**Teste dich – Groß- und Kleinschreibung**

**Seite 27**

**1 a) und b)**

**Ton- und taktlos**

Auch wenn fast jeder Zweite behauptet, unmusikalisch zu sein – nur fünf Prozent sind es tatsächlich. Diese kommen beim Singen oder Klatschen aus dem Takt, weil ihr Gehirn in diesem Fall streikt. Über die Ursachen ist man sich im Unklaren. Man sollte aber nicht außer Acht lassen, dass Musik zu hören und zu machen zu den kompliziertesten Aufgaben für die grauen Zellen gehört. Damit alles funktioniert, ist ein Zusammenwirken beider Hirnhälften nötig. Sind bestimmte Verbindungen unterbrochen, empfinden wir Musik im Allgemeinen als Geräusch wie jedes andere.

**2** Forscher haben kürzlich etwas Besonderes herausgefunden: Schlagzeuger verbrauchen beim Trommeln besonders viel Energie. Das Besondere daran: Sie sind dadurch besonders fit, sogar fitter als Fußballer, die besonders viel laufen müssen. Wer sich also besonders anstrengen will, sollte einfach Schlagzeug spielen.

**Auswertung der Testergebnisse**
Pro richtiger Antwort 1 Punkt

**17–15 Punkte**
Bei der Groß- und Kleinschreibung bist du schon ziemlich sicher. Bearbeite die Übungen auf S. 29, damit sich dein Können festigt.

**14–7 Punkte**
Das war schon ganz gut. Lies die Merkkästen zur Groß- und Kleinschreibung noch einmal aufmerksam durch. Bearbeite anschließend die Übungen auf S. 28. Wenn sie dir keine Schwierigkeiten bereiten, kannst du auf S. 29 weiterüben.

**6–0 Punkte**
Du musst die Groß- und Kleinschreibung noch trainieren. Überprüfe, in welchen Bereichen du noch Fehler machst. Sieh dir die entsprechenden Bereiche des Kapitels noch einmal genau an. Bearbeite anschließend die Übungen auf

S. 28. Auf S. 72 bis 80 findest du weitere Tipps, wie du gezielt an deinen Fehlerschwerpunkten arbeiten kannst.

## Wiederholen und Vertiefen – Groß- und Kleinschreibung

### Seite 28

**1 a) und b)** – Musikwettberwerb lädt Schüler zum Mitmachen ein – Konzert im All: Das Unmögliche wird wahr – Rockstar gibt auf letztem Konzert sein Bestes – beim Aufräumen älteste Geige der Welt entdeckt –

Nominalisierungen: zum Mitmachen, das Unmögliche,
sein Bestes, beim Aufräumen
Nomen: der Musikwettbewerb, die Schüler, das Konzert, das All, der Rockstar, die Geige, die Welt

**2 Geige vergessen**

**Cuxhaven.** Eine Musikerin aus Berlin vergaß am vergangenen Samstag ihre Geige im Wert von rund 15 000 Euro im Zug. Die Frau war am Samstagmorgen nach Cuxhaven gefahren, um am Samstagabend an einem Konzert teilzunehmen, teilte die Polizei am Sonntag mit. Leider war die wertvolle Geige da bereits verschwunden. Nachdem Zeugen befragt wurden, konnte am Montagmorgen ein 50 Jahre alter Mann gefasst werden, der bereits nachmittags ein Geständnis ablegte und die Geige aushändigte. Zum genauen Hintergrund der Tat wird die Polizei morgen Mittag Stellung nehmen.

**3** Am Vierundzwanzigsten ist Weihnachten.
Der vierzehnte Juli ist in Frankreich ein Nationalfeiertag.
Neujahr ist immer am ersten Tag des neuen Jahres.
Der Februar hat achtundzwanzig Tage, in Schaltjahren neunundzwanzig.
Am vierzehnten Februar ist Valentinstag.

### Seite 29

**1 a) und b) Kann Gesang Glas sprengen?**

Gesang hat ungeheure Kraft. Aber schafft es die menschliche Stimme tatsächlich, Gläser zum Bersten zu bringen? Ein Professor an der Universität München wollte Klarheit schaffen und lud eine Operndiva in sein Labor ein und ließ sie singen. Zerschmettertes Glas gab es aber am Ende nicht. Schlägt man nämlich Gläser mit einem Löffel an, hat jedes seinen eigenen Ton und schwingt dabei in einer ganz bestimmten Frequenz. Nur wenn die Sängerin exakt diesen Ton trifft, kann sie es also in Schwingung versetzen. Um es zum Platzen zu bringen, müsste sie diesen Ton nun auch noch sehr lange und sehr laut singen. Und das ist kaum möglich.

**2 a)** genau schwingen: durch genaues Schwingen
exakt einen Ton treffen: durch das exakte Treffen eines Tons
einen Ton sehr lange halten: durch das sehr lange Halten eines Tons

**b)** Sie gehört zu den begabtesten Sängerinnen und zu den bekanntesten. Kritiker halten sie für eine der besten Künstlerinnen ihrer Generation. Das Publikum erlebt bei ihren Auftritten immer etwas Ungewöhnliches und Überraschendes.

**3** Er ging als Vierter ins Ziel. / Ein Viertel der Schüler stimmte dafür. / Wir vier sind einer Meinung. / Beim Spiel würfelte er eine Vier. / Sie gingen zu viert ins Kino. / Wir feierten seinen vierten Geburtstag. / Am Vierten hat er Geburtstag. / Die Vier ist meine Lieblingszahl. / Wir haben vier Plätze reserviert. / Sie belegte den vierten Platz. / In meiner Telefonnummer kommen vier Vieren vor.

## Übungen – Schreibung von langen und nach kurzen Vokalen

### Seite 30

**2 a) Wann wurde das Telefon erfunden?**

Jahrtausendelang konnten Mitteilungen über weite Entfernungen nur durch Boten an ihr Ziel gelangen. Erst in der Mitte des 19. Jahrhunderts

begann die Entwicklung schnellerer und sicherer Nachrichtentechniken. Das wurde möglich, als man auf den Gedanken kam, die ungeheure Geschwindigkeit der Elektrizität, die der des Lichts gleicht (299 796 km/sek), über Leitungsdrähte für die Übermittlung von Nachrichten zu nutzen.
1876 gelang Graham Bell die erste verständliche Übertragung der menschlichen Stimme über einen Apparat, der zum Telefon führte. Er meldete das erste Telefon zum Patent an.

**b) und c)** ➚ s. Tabelle unten

**Seite 31**

**1 Warum bleibt ein Flugzeug in der Luft?**

Man kann oft lesen, dass die Wölbung der Flügeloberseiten der Grund ist. Um den längeren Weg in der gleichen Zeit zurückzulegen, muss die Luft rascher strömen. So wird der Flügel nach oben gezogen. In Wirklichkeit ist die Sache komplizierter und lässt sich am besten am Beispiel eines Hubschrauberrotors verstehen. Seine Flügel stehen etwas schräg. Dreht er sich, „pumpt" er dadurch wie ein Propeller Luft nach unten. Und die abwärts strömende Luft erzeugt eine Gegenkraft, die den Rotor nach oben drückt. Der gleiche Effekt tritt bei einem in einem bestimmten Winkel schräg stehenden Flugzeugflügel auf, der zwar nicht rotiert, aber von Turbinen getrieben wird. Auch er drückt strömende Luft nach unten und wird dadurch nach oben gedrückt.

**2 a und b)** der Flügel: der Schwimmflügel, der Flügelstürmer
der Weg: die Weggabelung, der Wegweiser

**3** strömen: die Strömung, verströmen, herausströmen
lesen: die Lesung, vorlesen, leserlich

**Seite 32**

**2** *So könnte deine Lösung lauten:*
- wa/ähl – wählen, wählbar, die Wählerschaft, der Wahlgang
- ruh – ruhen, ausruhen, die Ruhe

**Seite 33**

**1 a) Wie funktioniert eine Batterie?**

Batterien sind aus unserem täglichen Leben nicht mehr wegzudenken. Wie sehr wir von Batterien abhängen, wird uns meistens bewusst, wenn wieder mal die Batterie irgendeines Geräts leer ist.
Die erste funktionierende Batterie entwickelte um das Jahr 1800 der Italiener Alessandro Volta, der später für seine Verdienste in den Grafenstand erhoben wurde. Nach ihm wurde die Maßeinheit für die elektrische Spannung „Volt" genannt. Seine Batterie bestand aus Kupfer- und Zinkplatten, die in einem Säure- oder Salzbad standen und zwischen denen sich eine elektrische Spannung aufbaute, die Strom liefern konnte.

**b)**

| Nomen | Verben | Adjektive |
|---|---|---|
| die Batterie<br>der Italiener<br>die Verdienste | liefern | funktionierende |

| lang ausgesprochene Vokale | | kurz ausgesprochene Vokale | |
|---|---|---|---|
| ohne Längenzeichen | mit Längenzeichen | ohne Kürzezeichen | mit Kürzezeichen |
| die Boten<br>kam<br>über<br>für | führte<br>ihr<br>das Ziel<br>die | das Licht<br>menschlichen<br>erst<br>durch | konnten<br>die Mitte<br>die Entwicklung<br>schnellerer |

Tabelle zu Seite 30, Aufgabe 2 b) und c)

**d)** *So könnte deine Lösung lauten:*
Die Batterie ist tief eingesetzt.
Die Biene fliegt.
Das Sieb funktioniert.

**Seite 34**

**1 a)** einfacher Vokal: die Maschine, das Kabel, der Rat, die Daten
Dehnungs-*h*: die Zahl, das Jahr
Vokalverdopplung: das Paar
*ie:* der Antrieb, das Ziel, der Trieb

**2 a)** *So könnte deine Lösung lauten:*
aa: das Paar, die Waage, das Saarland
oo: das Moor, der Zoo, doof,
ee: der Kaffee, der See, die Seele

**b)** *So könnte deine Lösung lauten:*
Neue Kaffeerösterei im Saarland
Am See die Seele baumeln lassen
Gefährlich: Exkursion im Moor

**Seite 35**

**1 a) Wer erfand das Automobil?**

Im Jahr 1885 bauten zwei Deutsche, unabhängig voneinander und ohne den anderen zu kennen, die beiden ersten brauchbaren benzingetriebenen Fahrzeuge der Welt: In Bad Cannstadt konstruierte Gottlieb Daimler ein Zweirad, dessen Verbrennungsmotor ½ PS leistete, in Mannheim baute Karl Benz einen dreirädrigen Motorwagen, der ebenfalls ein großer Erfolg wurde. Wenig später rollten die ersten vierrädrigen Automobile mit 10 bis 15 km/h über die Landstraßen. Der Verbrennungsmotor wurde seither dauernd verbessert und verdrängte die Dampfmaschine als Antriebsquelle für Straßenfahrzeuge aller Art. Heute ist dieser Motor auch in vielen anderen Erfindungen von großem Nutzen. Er treibt Motorräder, Motorboote, Flugzeuge und Ackermaschinen an.

**b)** *So könnte deine Lösung lauten:*
die Welt, anderen, ersten, rollten, aller, die Art, ist, der Erfolg, dessen

**2 a) und b)** ➚ s. Tabelle unten

**Seite 36**

**4** sie rennt – rennen
die Gewissheit – das Gewissen
essbar – essen
geschafft – schaffen
es klappt – klappen
er trennt ab – abtrennen

**5 a und b)** Katze löst Feuerwehreinsatz aus
Trickdiebe unterwegs
Ein Mausklick zum Glück

**c)** *So könnte deine Lösung lauten:*
Trotz Niederlage erfolgreich
Die Hatz geht weiter
Fußball mit der Hacke ins Tor geschossen

**Teste dich! – Schreibung von langen und nach kurzen Vokalen**

**Seite 37**

**1 a) Von grünen Männchen und strahlenden Mädchen**

Ihr kennt es alle. Ihr seht es vermutlich jeden Tag, ärgert euch darüber, wenn ihr mal wieder aufgehalten werdet, während ihr auf den letzten Drücker zur Schule hetzt. Dabei solltet ihr froh sein, dass es diese Sache gibt. Um wen es hier geht? Ums Ampelmännchen natürlich!

| Übungswort | Verlängerung | Trennung | Übungswort |
|---|---|---|---|
| der Schrit/tt | die Schritte | die Schrit-te | der Schritt |
| er kan/nn | können | kön-nen | er kann |
| knap/pp | knapper | knap-per | knapp |
| der Stop/pp | stoppen | stop-pen | der Stopp |

Tabelle zu Seite 35, Aufgaben 2 a) und b)

**b)** Vor über 50 Jahren erblickte die Welt sein Licht. Okay, Welt ist übertrieben. Zunächst gab es das leuchtende Kerlchen nur in Ost-Berlin. Dort hatten Verkehrsexperten beschlossen, dass Fußgänger ihre eigenen Ampeln brauchten, um sich weiter gefahrlos zwischen den wachsenden Blechlawinen der Autos bewegen zu können.

**2** nicht früh, sondern spät
nicht wenig, sondern viel
Bindemittel für Straßenbeläge: der Teer
auf der Straße rollt: der Verkehr

**3** 1868 wurde die weltweit erste Anlage vor dem Parlament in London aufgestellt. Wobei echte Ampel-Fans diesen Apparat nicht mitzählen: 1. gab er seine Signale mit beweglichen Armen. Die farbige Gaslaterne an dessen Spitze spielte nur eine Nebenrolle; 2. war er nicht automatisch geregelt, sondern wurde per Hand von einem Polizisten bedient; 3. flog das Ding nach wenigen Monaten in die Luft und wurde bald im wahrsten Sinne des Wortes wieder aus dem Verkehr gezogen.

### Auswertung der Testergebnisse

Pro richtiger Antwort 1 Punkt

**22–20 Punkte**
Bei der Schreibung von langen und nach kurzen Vokalen bist du schon ziemlich sicher. Bearbeite die Übungen auf S. 39, damit sich dein Können festigt.

**19–8 Punkte**
Das war schon ganz gut. Lies die Merkkästen zur Schreibung von langen und nach kurzen Vokalen noch einmal aufmerksam durch. Bearbeite anschließend die Übungen auf S. 38. Wenn sie dir keine Schwierigkeiten bereiten, kannst du auf S. 39 weiterüben.

**7–0 Punkte**
Du musst die Schreibung von langen und nach kurzen Vokalen noch trainieren. Überprüfe, in welchen Bereichen du noch Fehler machst. Sieh dir die entsprechenden Bereiche des Kapitels noch einmal genau an. Bearbeite anschließend die Übungen auf S. 38. Auf S. 72 bis 80 findest du weitere Tipps, wie du gezielt an deinen Fehlerschwerpunkten arbeiten kannst.

## Wiederholen und vertiefen – Schreibung von langen und nach kurzen Vokalen

### Seite 38

**1 a)** abbiegen, Ausnahme, Bewegung, Boot, Diesel, Gebiet, gefährlich, Jahr, Mädchen, mehr, rot, Siedlung, Teer, überholen, verbieten, vermuten, Waage, wohnen

**b)** 1. *ie:* der Diesel, die Siedlung, verbieten
2. *Dehnungs-h:* die Ausnahme, gefährlich, das Jahr
3. *Vokalverdopplung:* das Boot, der Teer, die Waage
4. *einfacher Vokal:* die Bewegung, das Mädchen, rot

**c)** *So könnte deine Lösung lauten:*
1. abbiegen: der Abbieger, verbiegen, biegsam, durchbiegen
2. gefährlich: die Gefahr, die Gefährdung, gefährden
3. das Boot: der Bootssteg, das Ruderboot, der Bootshafen
4. die Bewegung: bewegen, beweglich, die Beweglichkeit

**d)** *So könnte deine Lösung lauten:*
Obwohl es sich vermutlich die Waage hält, kommt es mir so vor, als ob die Ampeln in unserer Siedlung immer auf rot stehen. Sich dann in Bewegung zu setzen, ist verboten. Besonders das Abbiegen ist gefährlich. In unserer Wohnsiedlung regeln immer mehr Ampelmännchen den Verkehr. So muss man zwar oft warten, kommt aber ohne Gefahr über den Teer.

**2** hoffen – die Hoffnung, erinnern – die Erinnerung, fassen – die Fassung, retten – die Rettung, sammeln – die Sammlung, messen – die Messung

### Seite 39

**1** 1924 wurde in Berlin die erste Ampelanlage am Potsdamer Platz aufgestellt. Sie ersetzte mit einem Schlag die Arbeit von zehn Beamten. Von da an war der Siegeszug der Lichtsignal-Anlagen, wie Ampeln in Fachkreisen heißen,

unaufhaltsam. Heute gibt es kaum eine größere Wohnsiedlung, die ampelfrei wäre. Ausnahme: Thimbu, die Hauptstadt des Königreichs Bhutan im Himalaya-Gebirge. In dem 80.000-Menschen-Ort wird das bisschen Verkehr, das es dort gibt, auf die alte Art geregelt: durch Polizisten.
Doch inzwischen hat das Ampelmännchen Konkurrenz bekommen durch – die Ampelfrau! Vorbild war eine Stadt in den Niederlanden, wo schon seit Jahren rote und grüne Mädchen Sorge tragen, dass Fußgänger heil zum gegenüberliegenden Bordstein gelangen. Neben der Gleichberechtigung von Mann und Frau war den Verkehrsexperten der Rock wichtig, den die Figuren tragen. Weil der mehr Fläche bietet als eine Hose, leuchten die Mädchen kräftiger und werden seltener übersehen.

**2** nicht sauber – schmutzig
unvorhergesehen – plötzlich
Haustier – die Katze
Fleischspeise – das Schnitzel
sinnvoll, hilfreich – nützlich

## Übungen – Getrennt- und Zusammenschreibung

### Seite 40

**1 a)** ↗ s. Tabelle unten

**b)** Morgen Nachmittag werde ich im Park spazieren gehen.
Beim Angeln muss man ruhig sein.
Wenn ich groß bin, möchte ich Motorrad fahren.
Das Abschiednehmen wird mir schwerfallen.
Das Versteck meines Tagebuchs werde ich geheim halten.
Mein Bruder hat zu Weihnachten einen Hamster geschenkt bekommen.
Dienstags gehen wir immer Fußball spielen.
Ich muss das Buch jetzt beiseitelegen, sonst schaffe ich meine Aufgaben nicht rechtzeitig.

### Seite 41

**1 a)** Beete umgraben, Beeren ernten, Blumen schneiden, Boden lockern, Rasen mähen, Rosen gießen, Pflanzen umtopfen

**b)** *So könnte deine Lösung lauten:*
Ich muss morgen den Rasen mähen.
Du darfst die Beeren ernten, die reif sind.
Für einen schönen Strauß werde ich frische Blumen schneiden.
Einmal pro Woche sollte man die Rosen gießen.
Vor der Aussaat muss man die Beete umgraben.

**2 a)** *So könnte deine Lösung lauten:*
Kuchen backen, Roller fahren, Musik hören, Spiele spielen, Großeltern besuchen, Kleidung kaufen

**b)** *So könnte deine Lösung lauten:*
Am ersten Ferientag fahren wir immer zu meinen Großeltern. Da backe ich mit meiner Oma Kuchen. Gemeinsam spielen wir Spiele. Musik höre ich aber lieber alleine, weil meine Großeltern einen anderen Geschmack haben als ich.

### Seite 42

**3 b)** Im Vorfeld müssen die Gärtner Wege verlegen und Bäume pflanzen.
Das Wegeverlegen und Bäumepflanzen ist anstrengend.

| Nomen + Verb | Adjektiv + Verb |
|---|---|
| Motorrad fahren,<br>Fußball spielen | geheim halten,<br>ruhig sein |
| **Verb/Partizip + Verb** | **Zusammenschreibung** |
| geschenkt bekommen,<br>spazieren gehen | schwerfallen,<br>beiseitelegen |

Tabelle zu Seite 40, Aufgabe 1 a)

Damit die Beete immer gepflegt aussehen, muss man fast täglich Unkraut jäten.
Das Unkrautjäten kostet viel Zeit.

Um Eintrittskarten für die Bundesgartenschau zu bekommen, muss man oft Schlage stehen.
Das Schlangestehen macht mir nichts aus.

**c)** Bäume pflanzen → Verwendung als Verb
das Bäumepflanzen → Verwendung als Nomen

**5 a)** Auf dem Gelände darf man nicht mit dem Rad fahren.
Beim Rasenmähen kommt man ins Schwitzen.
Denke an das tägliche Blumengießen.

**b)** *So könnte deine Lösung lauten:*
Das Radfahren macht mir großen Spaß.
Ich muss noch den Rasen mähen.
Täglich muss ich die Blumen gießen.

**Seite 43**

**1 b)** *So könnte deine Lösung lauten:*
Der Färber muss den Stoff noch *blau machen*.
Heute werde ich *blaumachen*.

**2** Für ihr Referat hat sich Lea viel vorgenommen. Damit sie jeder gut verstehen kann, muss sie laut reden. Auch sollte sie sich von ihren Aufzeichnungen lösen und frei sprechen. Zur Verdeutlichung ihrer Ausführungen erstellt sie ein Plakat, das sie besonders sauber schreiben will. Um bei ihren Mitschülern von Anfang an Interesse zu wecken, beginnt sie ihren Vortrag damit, dass Antilopen hoch springen und weit laufen können.

**Seite 44**

**4 a)** An der Tafel darf man nicht zu klein schreiben. → mit kleiner Schrift schreiben
Verben muss man kleinschreiben. → mit kleinen Anfangsbuchstaben schreiben

**b)** *So könnte deine Lösung lauten:*
leichtfallen – leicht fallen: Die Aufgabe wird mir leichtfallen. – Vom Schwebebalken kann man leicht fallen.
rotsehen – rot sehen: Er ist so wütend, er wird sicher schon rotsehen. Mit den getönten Gläsern kann ich alles in rot sehen.

**5 a)** nachschlagen, um Gewissheit zu haben → sichergehen
Erklärung: ohne zu stürzen → sicher gehen

jemanden nicht verurteilen → freisprechen
eine Rede halten → frei sprechen

**b)** *So könnte deine Lösung lauten:*
Um sicherzugehen, solltest du besser nachfragen. Auf dem befestigten Weg kannst du sicher gehen.

Das Gericht wird ihn freisprechen.
Vor Zuhörern musst du frei sprechen.

**Seite 45**

**6** Um gut verstanden zu werden, sollte man laut sprechen.
Ich möchte diese Aussage richtigstellen (korrigieren).
Wir gehen heute Abend italienisch essen.
Du siehst abgespannt aus und solltest unbedingt kürzertreten (weniger arbeiten).

**7 a) und b)** Wenn man gut schreibt, kann der Empfänger auch alles entziffern.
Der Bankangestellte will die Zinsen dem Bankkonto gutschreiben.

fest halten – festhalten (aufschreiben)
Du musst das sehr fest halten, damit es nicht herunterfällt.
Dies sollten wir im Protokoll festhalten.

sicher gehen – sichergehen (sich vergewissern)
Mit flachen Schuhen kannst du sicher gehen.
In diesem Fall muss der Rechtsanwalt sichergehen.

**Seite 46**

**1 b)** waagerechte Verben: einkaufen, spazieren, tanzen, essen, träumen, rechnen, lesen.
senkrechte Verben: lassen, lernen üben.

**c)** einkaufen gehen, spazieren gehen, rechnen üben, tanzen lernen, essen gehen, lesen üben

**d)** *So könnte deine Lösung lauten:*
Samstags gehe ich immer mit unserem Hund spazieren.
Abends lerne ich mit meinen Freunden tanzen.
Gemeinsam mit meiner Familie gehe ich gerne essen.

## Seite 47

**1 a)**

| Partizip | + Verb |
|---|---|
| geliefert | bekommen |
| gefangen | nehmen |
| gefangen | halten |
| verloren | gehen |
| getrennt | schreiben |

**b)** *So könnte deine Lösung lauten:*
Die Polizei hat den Einbrecher gefangen genommen.
Er wird noch eine Weile gefangen gehalten.
In dem Gewühl kann man leicht verloren gehen.
Wortverbindungen werden häufig getrennt geschrieben.

## Seite 48

**1 a)** Er bat mich, ihm das Buch *zu geben*.
Du musst *zugeben*, dass das eine gute Idee war.

**2** *So könnte deine Lösung lauten:*
zu hören / zuhören: Es freut mich, deine Stimme zu hören. / Du musst im Unterricht gut zuhören.
zu machen / zumachen: Hausaufgaben zu machen kostet viel Zeit. / Kannst du die Tür zumachen?
zu schließen / zuschließen: Ich bitte dich, die Tür zu schließen. / Kannst du die Tür zuschließen?
zu halten / zuhalten: Einen Vortrag zu halten, erfordert eine gute Vorbereitung. / Beim Tauchen kannst du dir die Nase zuhalten.

**3 a)** *So könnte deine Lösung lauten:*
zu laufen – zulaufen, zu legen – zulegen, zu sehen – zusehen

**b)** *So könnte deine Lösung lauten:*
Es ist anstrengend, den ganzen Weg zu laufen. – Der Hund ist mir zugelaufen.
Er bat mich, die Uhr auf den Tisch zu legen. – Für das Turnier musst du noch etwas an Muskulatur zulegen.
Es freut mich, dich zu sehen. – Du musst zusehen, dass du den Bus noch erwischst.

## Seite 49

**1 b)** „zusammenpacken" im Sinne von *einpacken*
„zusammen packen" im Sinne von *gemeinsam etwas schaffen*

**2**
- Für die Feier müssen wir die Einkaufsliste zusammenschreiben.
- Die schweren Getränkekisten sollten wir zusammen tragen.
- Für heute Abend werde ich mir ein cooles Outfit zusammenstellen.

**3** Getrenntschreibung: zusammen kommen, zusammen gehören, zusammen nähen, zusammenspielen, zusammen tragen, zusammen fahren, zusammen laufen

Zusammenschreibung: zusammennähen, zusammenspielen (eine Mannschaft), zusammentragen (sammeln), zusammenfahren (gegeneinander fahren), zusammenlaufen (sich treffen)

## Seite 50

**1 b)** Als Stewardess muss man freundlich sein.

**2 a)** da, an, aus, dabei, hier, zusammen, allein

**b) und c)**

| Infinitiv | Satz im Perfekt |
|---|---|
| da sein | Mein Bruder ist auch da gewesen. |
| an sein | Das Licht ist an gewesen. |
| aus sein | Die Kerze ist aus gewesen. |
| dabei sein | Mein Bruder ist dabei gewesen. |
| hier sein | Gestern ist er hier gewesen. |
| zusammen sein | Sie sind drei Jahre zusammen gewesen. |
| allein sein | Er ist lange allein gewesen. |

**d)** *So könnte deine Lösung lauten:*
Dabeisein ist alles.
Das Alleinsein fällt ihm schwer.
Das Zusammensein tut ihm gut.

**Seite 51**

**1 a)** Nomen: Schluss, Tod, Haus, Schlaf, Garten, Maß, Messer, Stock, Brand, Meister, Zeug, Wagen, Metall, Stand, Fall, Zaun, Blitz
Adjektive: bitter, bunt, grün, froh, lang, dunkel, aktuell, böse, scharf, schnell
Verben: wandeln, geben, regeln, kommen, sprechen, nehmen, locken, folgern, weilen, stellen
Präpositionen: an, auf, unter

**b)** ➚ s. Tabelle unten. *So könnte deine Lösung lauten:*

**2** letztmalig, großspurig, schwerstbehindert, eindeutig, gutmütig

**Seite 52**

**3** -dings allerdings, neuerdings
-falls ebenfalls, keinesfalls
-wegs unterwegs, keineswegs
-wärts aufwärts, abwärts
-maßen einigermaßen, dermaßen

**4** *So könnte deine Lösung lauten:*
Sobald die Sonne scheint, gehen wir ins Freie.
Wenn du soweit bist, können wir gehen.
Anhand der Spuren konnten sie den Täter fassen.
Irgendwer hat meinen Schlüssel versteckt.
Irgendetwas hat mich aus dem Schlaf gerissen.

**Teste dich! – Getrennt- und Zusammenschreibung**

**Seite 53**

**1** *fest/binden*
Du musst den Hund draußen *festbinden*.
Du solltest den Schuh *fest binden*, damit sich die Schleife nicht löst.

*zusammen/kommen*
Werdet ihr zu der Party *zusammen kommen*?
So jung werden wir nicht mehr *zusammenkommen*.

*fest/stehen*
Bei einem Spiel sollten die Regeln vorher *feststehen*.
Um bei einem Unwetter nicht einzustürzen, muss die Hütte *fest stehen*.

*zu/sagen*
Ich hoffe, du wirst meiner Einladung *zusagen*.
Ich habe nichts mehr *zu sagen*.

**2** Mit einem Fertigkuchen zum Geburtstag seiner Mutter wollte sich Jan nicht zufriedengeben: Er wollte die Geburtstagstorte unbedingt selbst backen!
Mit einem Rezept aus dem Internet konnte schließlich nichts schiefgehen. Obwohl er laut Anweisung alles richtig machte, war die Torte am Ende ganz in sich zusammengesunken. Seine Mutter freute sich trotzdem, weil sie gut schmeckte und weil schließlich die Absicht zählt.

**3** Klavierspielen ist ein schöner Ausgleich zum Schulalltag. Das Notenlesen bereitet mir keine Mühe. Allerdings muss ich nachher noch Bio lernen, denn morgen schreiben wir einen

| Nomen | Adjektive | Verben |
|---|---|---|
| der Brandmeister | messerscharf | schlussfolgern |
| der Schlafwagen | blitzschnell | unterkommen |
| die Aufstockung | langweilig | maßregeln |
| der Gartenzaun | dunkelgrün | unternehmen |
| der Aufstand | bitterböse | frohlocken |
| das Hinterhaus | regelmäßig | |
| der Anfall | untergeben | |

Tabelle zu Seite 51, Aufgabe 1 b)

Biotest. Doch jetzt wird mir die Ablenkung gut tun.

**Auswertung der Testergebnisse**
Pro richtiger Antwort 1 Punkt

**19–18 Punkte**
Bei der Getrennt- und Zusammenschreibung bist du schon ziemlich sicher. Bearbeite die Übungen auf S. 55, damit sich dein Können festigt.

**17–7 Punkte**
Das war schon ganz gut. Lies die Merkkästen zur Getrennt- und Zusammenschreibung noch einmal aufmerksam durch. Bearbeite anschließend die Übungen auf S. 54. Wenn sie dir keine Schwierigkeiten bereiten, kannst du auf S. 55 weiterüben.

**6–0 Punkte**
Du musst die Getrennt- und Zusammenschreibung noch trainieren. Überprüfe, in welchen Bereichen du noch Fehler machst. Sieh dir die entsprechenden Bereiche des Kapitels noch einmal genau an. Bearbeite anschließend die Übungen auf S. 54. Auf S. 72 bis 80 findest du weitere Tipps, wie du gezielt an deinen Fehlerschwerpunkten arbeiten kannst.

## Wiederholen und vertiefen – Getrennt- und Zusammenschreibung

### Seite 54

**1 a)** der Schlittschuh, das Seil, die Karten, das Rad, der Kuchen

**b)** Schlittschuh laufen, Seil springen, Karten spielen, Rad fahren, Kuchen backen

**c)** *So könnte deine Lösung lauten:*
Das *Schlittschuhlaufen* ist eine Sportart.
Ich möchte unbedingt mal wieder *Schlittschuh laufen*.
Kommst du in der Pause mit zum *Seilspringen*?
Vorsicht, du muss über das *Seil springen*.
Das *Radfahren* finde ich sehr anstrengend.
Trotzdem muss ich öfter mit dem *Rad fahren*.
Von meiner Oma habe ich das *Kuchenbacken* gelernt.
Ich möchte heute gerne einen *Kuchen backen*.

**2** Die Aufgabe ist mir schwergefallen.
Das Versteck meines Tagebuchs werde ich geheim halten.

**3** Das sollte man mit seinem Hund dreimal täglich: spazieren gehen.
Die Polizei kann den Einbrecher gefangen nehmen.
Die meisten Wörterverbindungen muss man getrennt schreiben.

### Seite 55

**1** Viele wollen vor allem fernsehen, um sich gut zu amüsieren. Manche können sich an Casting-Shows nicht sattsehen. Während diese Sendungen die einen völlig kaltlassen, könnten sich die anderen dabei totlachen.

**2** *So könnte deine Lösung lauten:*
Wer kann schon das Wetter vorhersagen (die Zukunft deuten)?
Warum kannst du das nicht vorher sagen (etwas früher sagen)?

Immer musst du dich wiederholen (etwas mehrmals sagen).
Ich werde mir die nächste Ausgabe wieder holen (erneut holen).

**3 a)** Rad / fahren / schwimmen / gehen / zurzeit / so / viel / beiseite / legen / zusammen / packen / richtig / stellen / da / sein

**b)** Die Redaktion der Schülerzeitung trifft sich zurzeit fast täglich, da der Erscheinungstermin der aktuellen Ausgabe immer näher rückt. „Heute Nachmittag um 15:00 Uhr müssen alle Redakteure da sein, da noch so viel zu tun ist", verkündet Chefredakteur Philipp. „Wir sollten zunächst die unwichtigen Dinge beiseitelegen, weil wir einige Punkte richtigstellen müssen. Besonders in dem Artikel über das Radfahren stimmen die Zahlen noch nicht. Lasst uns nach der Sitzung zur Belohnung all unsere Sachen zusammenpacken und gemeinsam schwimmen gehen, um den Tag noch schön ausklingen zu lassen."

## Übungen – Fremdwörter richtig schreiben

### Seite 56

**1 a) und b)**

| | |
|---|---|
| die Blamage, | die Gratulation, |
| attraktiv, | die Garage, |
| der Chauffeur, | der Friseur, |
| die Diskussion | aggressiv |

**2** Der Regisseur sorgte mit seinem neuen Film für eine Sensation. Die vielen Filmfans verursachten bei der Premiere ein großes Chaos.

### Seite 57

**1 a) und b)** die Funktion – funktionieren, die Information – informieren, die Operation – operieren, die Produktion – produzieren, die Reparatur – reparieren

**2** Alle Verben ...
... lassen sich vom Wortstamm des Nomens ableiten.
... haben dasselbe Suffix.

**3 a) und b)** der Dekorateur, das Dekor,
der Dekorationsstoff
die Demonstration: demonstrieren,
demonstrativ, das Demonstrativpronomen
die Diskussion: diskutieren, diskussionswürdig,
der Diskussionsleiter
die Konstruktion: die Stahlkonstruktion,
konstruktiv

### Seite 58

**5** das sein/bestehen: existieren
die Deutung (z. B. einer Geschichte): die Interpretation
Abstellplatz für ein Auto: die Garage
die Unordnung: das Chaos
aufschlussreich: informativ
anbauen, aufbauen: montieren
die Entfernung: die Distanz

### Seite 59

**6** Unsere Werkstatt wird am Samstag die Winterreifen an das Auto montieren.
Er stellte den Wagen in die Garage.
Eine Interpretation hilft, eine Geschichte besser zu verstehen.
Ohne Sauerstoff können wir nicht existieren.
Zwischen den Beträgen lag eine Differenz von zwei Euro.
Die aufgebrachte Menschenmenge sorgte für ein Chaos.
Die Distanz zwischen den beiden Städten beträgt 200 km.
Der Film war informativ, sodass ich einiges gelernt habe.

**7 a) Wesen der Tiefe**

Seeleute erzählen seit Jahrhunderten von Riesenkraken, die in der Tiefsee existieren sollen. Wie man heute weiß, sind diese Geschichten nicht nur Seemannsgarn: Vor der Küste der Antarktis wurde 2007 ein Riesenkrake gefangen, dessen Größe sensationell war, nämlich ganze zehn Meter. Wirklich prominent ist ein anderes Wasserwesen: Das Ungeheuer vom See Loch Ness in Schottland, kurz: Nessie. Zum ersten Mal konnte eine schottische Zeitung 1933 einen Artikel über das sagenumwobene Ungeheuer veröffentlichen. Ein Zeuge gab sogar an, er habe versucht, das Wesen zu fotografieren. Nessie-Fans interessieren sich für jede noch so kleine Neuigkeit. Die Frage, ob es das Ungeheuer wirklich gibt, ist bis heute aktuell.

### Seite 60

**1 a) und b)** ↗ s. Tabelle S. 17

**2 a)** Kino/Film: die Premiere, die Sensation, Filmfans, der Regisseur, die Regie, das Publikum, die Präsentation
Technik: reparieren, die Reparatur, die Funktion, funktionieren, funktional, die Konstruktion, konstruieren, die Produktion, produzieren, die Montage, montieren, der Monteur
Zeitungen/Neuigkeiten: informativ, die Information, informieren, die Sensation, sensationell, die Reaktion, reagieren,

| Nomen | Verben | Adjektive |
|---|---|---|
| die Demonstration, das Interesse, die Produktion, die Funktion, die Konstruktion, die Philosophie, das Thema, die Dekoration | demonstrieren, (sich) interessieren, produzieren, funktionieren, konstruieren, philosophieren, thematisieren, dekorieren | demonstrativ, interessant, produktiv, funktional, konstruktiv, philosophisch, thematisch, dekorativ |

Tabelle zu Seite 60, Aufgaben 1 a) und b)

das Thema, thematisch, thematisieren,
das Interesse, interessant
Berufe: der Friseur, der Physiker, der Monteur, der Chauffeur, der Kontrolleur, der Regisseur, der Philosoph, der Dekorateur

**Teste dich! –**
**Fremdwörter richtig schreiben**

**Seite 61**

**1** 1: Interpretation, 2: Thermometer, 3: aggressiv, 4: Gratulation, 5: These, 6: Montage, 7: Monteur, 8: Garage, 9: Etage, 10: Physik, 11: Blamage, 12: Sensation, 13: aktuell, 14: Premiere, 15: Therme

**2 a)** das Chaos – chaotisch
die Demonstration – demonstrativ
die Information – informativ
die Produktion – produktiv
die Blamage – blamabel
die Philosophie – philosophisch
die Dekoration – dekorativ

**b)** die Funktion – funktionieren
die Diskussion – diskutieren
die Konstruktion – konstruieren
der Monteur – montieren
die Distanz – distanzieren
die Massage – massieren

**Auswertung der Testergebnisse**
Pro richtiger Antwort 1 Punkt

**28–26 Punkte**
Bei der Schreibung von Fremdwörtern bist du schon ziemlich sicher. Bearbeite die Übungen auf S. 63, damit sich dein Können festigt.

**25–11 Punkte**
Das war schon ganz gut. Lies die Merkkästen zur Schreibung von Fremdwörtern noch einmal aufmerksam durch. Bearbeite anschließend die Übungen auf S. 62. Wenn sie dir keine Schwierigkeiten bereiten, kannst du auf S. 63 weiterüben.

**10–0 Punkte**
Du musst die Schreibung von Fremdwörtern noch trainieren. Überprüfe, in welchen Bereichen du noch Fehler machst. Sieh dir die entsprechenden Bereiche des Kapitels noch einmal genau an. Bearbeite anschließend die Übungen auf S. 62. Auf S. 72 bis 80 findest du weitere Tipps, wie du gezielt an deinen Fehlerschwerpunkten arbeiten kannst.

**Wiederholen und vertiefen –**
**Fremdwörter richtig schreiben**

**Seite 62**

**1 a) und b)** die Variation – variabel – variieren
die Realität – realistisch – realisieren
die Aktualität – aktuell – aktualisieren
die Operation – operativ – operieren
die Konstruktion – konstruktiv – konstruieren
die Produktion – produktiv – produzieren

**c)** das Interesse – interessant – (sich) interessieren
die Funktion – funktional – funktionieren

**2** Filmstar: „Rolle passt charakterlich nicht zu mir!“ (der Charakter)
Fußballstar von aggressiven Fans bedroht (die Aggression)
Wintereinbruch sorgt für chaotische Zustände (das Chaos)

Reiseanbieter lockt mit attraktiven Angeboten (die Attraktion)
Politiker: „Die aktuelle Lage nehmen wir sehr ernst!" (die Aktualität)
Forscher erklärt physikalisches Wunder (die Physik)

**Seite 63**

**1 Nessie, der badende Zirkuselefant**

Bis heute wird diskutiert, ob die Geschichten über Nessie der Realität entsprechen. Ein Experte behauptete sogar, Nessie sei ein badender Zirkuselefant gewesen. Seine These: In den 1930er-Jahren machten Wanderzirkusse oft Station am Loch Ness, um ihre Elefanten ein Bad nehmen zu lassen. Diese hätten auf Fotografien dann tatsächlich wie Nessie ausgesehen. Ob damit die Existenz von Nessie widerlegt ist?

**2** *So könnte deine Lösung lauten:*
-age: die Blamage, die Montage, die Sabotage, die Passage, die Collage, die Etage, die Garage
-ion: die Aggression, die Diskussion, die Explosion, die Depression, die Revision, die Mission
-eur: der Masseur, der Kontrolleur, der Friseur, der Chauffeur, der Regisseur

**Übungen – Besondere Fälle der Rechtschreibung**

**Seite 64**

**1 a)** ↗ s. Tabelle unten

**2 a)** *So könnte deine Lösung lauten:*
Wörter mit *V/v* (ohne -ver/-vor): die Villa, der Vampir, die Vase, der Vogel
lang gesprochenes *i* als einfaches *i*: der Tiger, der Igel, die Liga, das Iglu

**Seite 65**

**1 a) und b)** das Grußwort
der Süßstoff, süßen, die Süßigkeit
die Fleißaufgabe, fleißig, die Fleißarbeit
der Spaßvogel, spaßig, spaßeshalber
die Stoßstange, verstoßen, stoßempfindlich
die Großstadt, vergrößern, größenwahnsinnig
die Blöße, bloß, bloßstellen

**2** ○ Gestern haben wir nichts beschlossen. Vielleicht gelingt es uns heute, etwas zu beschließen.
○ Ich genieße meine Ferien. Die habe ich immer genossen.
○ Ihr Hund trägt einen Maulkorb, weil er schon einmal gebissen hat. Sie hofft, dass er nun nicht mehr beißt.

**Seite 66**

**1** Vitrine, Visier, Villa, Ventil, Veranda, Volumen, Visum, Visite, Vase, Vokal, Verb, Vakuum, Vernissage, Video, Vanille, Vulkan, Vampir, Vegetarier, Violine, Ventilator, Virus, Vitalität

**2 a)** der Schaukasten: die Vitrine, der bewegliche Teil eines Helms: das Visier, großes Haus: die Villa, der Verschluss (z. B. bei einem Reifen): das Ventil, der Vorbau: die Veranda, der Inhalt / die Fülle: das Volumen, die Einreiserlaubnis: das Visum, Besuch im Krankenhaus: die Visite, Gefäß (z. B. für Blumen): die Vase, Selbstlaut: der Vokal, Wortart: das Verb, luftleerer Raum: das Vakuum, die Ausstellungseröffnung: die Vernissage, die Filmaufzeichnung: das Video, Gewürz für Süßspeisen: die Vanille

**b)** Vulkan speit wieder Feuer! Gefahr für die Bevölkerung?
Graf Dracula – gab es den sagenumwobenen Vampir wirklich?
Fleischlos glücklich – Leben Vegetarier wirklich gesünder?

| | | | | | |
|---|---|---|---|---|---|
| flossen | rissen | gossen | schlossen | wussten | genossen |
| fließen | reißen | gießen | schließen | wissen | genießen |

Tabelle zu Seite 64, Aufgabe 1 a)

## Seite 67

**2 c)** Musiker verzweifelt – Violine im Wert von einer Million Euro gestohlen
Rekordhitze! Ohne Ventilator geht gar nichts mehr
Gefährliches Virus macht Haustiere krank
Faulsein ist gesund: Mehr Vitalität durch Ausschlafen

**3 a) und b)** *So könnte deine Lösung lauten:*
Der Vegetarier ist kein Fleisch.
Auf der Vernissage werden die neusten Bilder des Künstlers gezeigt.
Durch ein Vakuum kann man Lebensmittel konservieren.
Mit Vanille kann man Speisen würzen.
In einer Villa würde ich gerne wohnen.

**4 a)** links: verbringen, verfahren, verführen, verhängen, verjagen, vermeiden, vernehmen, verpassen, verspielen, verachten

rechts: vorbereiten, vorbringen, vorfahren, vorführen, vorhängen, vorhalten, vorliegen, vornehmen, vorstellen, vorspielen

**b)** *So könnte deine Lösung lauten:*
vertreten – die Vertretung, vermeiden – die Vermeidung, vernehmen – die Vernehmung, vortragen – der Vortrag, vorführen – die Vorführung, vorstellen – die Vorstellung

## Seite 68

**1 a)** das Urlaubsandenken (das Souvenir) – kühlt, wenn's heißt ist (die Brise) – kalt, schnell, gefährlich (die Lawine) – damit wird's gerade (das Lineal) – kann man zunehmen oder abnehmen (das Kilo) – die Besten der Besten (die Elite) – schnell hingeschrieben (die Notiz) – hält gesund (das Vitamin) – essen, trinken, Pause machen (die Kantine)

**b)** *So könnte deine Lösung lauten:*
gestreift und gefährlich (der Tiger) – orange und süß (die Mandarine) – gibt Strom (die Batterie) – isst nie Fleisch (der Vegetarier) – den kann man auch verpassen (der Termin)

**2 a) und b)** *So könnte deine Lösung lauten:*
Wird Benzin noch teurer?
Politiker in der Kritik
Brand in Klinik-Kantine!
Sorgt Klimawandel für mehr Lawinen?

## Teste dich! – Besondere Fälle der Rechtschreibung

## Seite 69

**1 a) Ein Floß wird kommen**

Seit 2008 weiß man, dass erstmals mehr Menschen in Städten als auf dem Land leben. Aber wie soll man bloß all die Menschen in der Großstadt ernähren? Die US-amerikanische Organisation „New York Sun Works" hat einen Vorstoß gewagt: Sie schlägt „schwimmende Äcker" vor, die auf den Flüssen in dicht besiedelten Gebieten treiben sollen. Dafür brauchen sie Energie, was einigen ein schlechtes Gewissen bereitet. Doch Umweltschützer begrüßen den Plan: Schließlich werden die „schwimmenden Äcker" mit Biodiesel, Solar- und Windkraft betrieben.

**b)** weiß – das Gewissen, ein Floß – den Flüssen

**2** +++ Günstig wohnen: Millionärsvilla zum Schnäppchenpreis +++ Blutsauger abgelichtet: Vampir-Fotos aufgetaucht +++ Vegetarier demonstrieren gegen Fleischproduktion +++ Videoaufnahmen beweisen: Vulkanausbruch steht kurz bevor +++ 200 Jahre alte Violine: Klang begeistert Publikum +++ Mittel gegen Grippevirus auf dem Markt +++ Besucherrekord: Vernissage lockt Kunstbegeisterte an +++ Politiker fordern: Nach Ministerrücktritt muss Machtvakuum gefüllt werden +++

**Auswertung der Testergebnisse**
Pro richtiger Antwort 1 Punkt

**23–21 Punkte**
Bei der Schreibung von besonderen Fällen der Rechtschreibung bist du schon ziemlich sicher. Bearbeite die Übungen auf S. 71, damit sich dein Können festigt.

**20–8 Punkte**
Das war schon ganz gut. Lies die Merkkästen zur Schreibung von besonderen Fällen der Rechtschreibung noch einmal aufmerksam durch. Bearbeite anschließend die Übungen auf S. 70. Wenn sie dir keine Schwierigkeiten bereiten, kannst du auf S. 71 weiterüben.

**7–0 Punkte**
Du musst die Schreibung von besonderen Fällen der Rechtschreibung noch trainieren. Überprüfe, in welchen Bereichen du noch Fehler machst. Sieh dir die entsprechenden Bereiche des Kapitels noch einmal genau an. Bearbeite anschließend die Übungen auf S. 70. Auf S. 72 bis 80 findest du weitere Tipps, wie du gezielt an deinen Fehlerschwerpunkten arbeiten kannst.

## Wiederholen und vertiefen – Besondere Fälle der Rechtschreibung

### Seite 70

**1 a) und b)** der Strauß – draußen – messbar – bloßstellen – fließen – die Soße
das Gewissen – der Kuss – vergesslich – genießen – das Fressen – der Beschluss
heiß – scheußlich – außen – der Schoß – heißen – grüßen – das Schloss

**c)** der Wissenschaftler – wissbegierig – die Wiese – wissentlich – gewusst – er weiß

**2** 1: Violine, 2: Vegetarier, 3: Reptil, 4: Lawine, 5: Vitamin, 6: Igel, 7: Verb, 8: Souvenir, 9: Vakuum, 10: Liter, 11: Kusine, 12: Vulkan, 13: Margarine, 14: Lid, 15: Notiz, 16: Vase, 17: Elite

### Seite 71

**1 a) Stress vorm Fest**

Plätzchen backen, Baum schmücken, Geschenke kaufen: Die Weihnachtszeit kann ganz schön stressig sein. Und das macht so vergesslich, dass mancher bei seinen Einkaufstouren schließlich nicht mehr weiß, wo er das eigene Auto abgestellt hat. In Schweden jedenfalls werden im Dezember ziemlich viele Autodiebstähle gemeldet. Eine Versicherungsfirma hat deswegen hilfreiche Tipps verschickt, wie man besser auf sein Auto aufpasst und dann die Weihnachtszeit genießt.

**b)** Beispiele: der Stress / stressig: stressfrei, stressen, die Stresssituation, das Stresshormon
vergesslich: vergessen, das Vergissmeinnicht, die Vergesslichkeit

**2** Mögliche Wörter: vorziehen, verziehen, vollziehen, verspielen, verwickeln, vorschlagen, vollschlagen, der Versuch, verbringen, vorbringen, vollbringen, verstehen, vorstehen, verschreiben, vorschreiben, vollschreiben, der Vertrag, vortragen, vermerken, vormerken

## Strategien 2 – Sinnvoll berichtigen – Übungsbedarf feststellen

### Seite 72

**1 b) „Spiderman" begeistert Fans weltweit**
Der französische Fassadenkletterer Alain Robert wurde beim Erklimmen eines Wolkenkratzers in São Paulo festgenommen. Ein Journalist, der sich zufälligerweise am Sonntagabend im Panorama-Restaurant des Wolkenkratzers aufhielt, berichtete live von der Kletteraktion. Begeistert verfolgten die Fans jeden Schritt ihres Stars im Internet. Die Nachricht, dass Alain Robert festgenommen und verhört wurde, sorgte weltweit für Empörung. Seine Aktion mache Spaß und könne Menschen Mut machen, ihre Ängste zu überwinden, so der Sprecher einer Fan-Gemeinde.

### Seite 73

**1 b)** *So könnte deine Lösung lauten:*

**Kletteraktion verursacht Unfall**

Am Sonntagabend kam es in der Innenstadt São Paulos zu einem Auffahrunfall, an dem mehrere Fahrzeuge beteiligt waren. Als Ursache ermittelte die Polizei eine Kletteraktion des französischen Fassadenkletterers Alain Robert. Dieser wollte einen 150 Meter hohen Wolkenkratzer erklimmen. Ein Autofahrer wurde dadurch so abgelenkt, dass er auf einen anderen Wagen auffuhr. Durch den Auffahrunfall kam es zu leichten Blechschäden an mehreren Fahrzeugen.

# So arbeitest du mit dem Heft:

## Strategien 1

Hier lernst du, welche Tipps dir helfen, Rechtschreibfehler zu vermeiden.

## Übungen

Hier kannst du selbstständig üben.

→ **Tipp 1** verweist dich auf die Tipps im Strategieteil und auf den Klappen.

Kontrolliere deine Ergebnisse mit dem Lösungsteil.

## Teste dich!

Mit den Testaufgaben kannst du dein Wissen und Können überprüfen.

- Trage die erreichten Punkte in die Kästchen ein und rechne die Gesamtpunktzahl aus.
- Schlage im Lösungsteil nach, wie du weiterarbeiten kannst.

## Wiederholen und vertiefen

○● Hier kannst du weiterüben, wenn du noch nicht so sicher in der Rechtschreibung bist.

●● Hier kannst du weiterüben, wenn du schon sehr sicher in der Rechtschreibung bist.

## Strategien 2

Hier lernst du, mit welchen Techniken du weiterüben kannst, um noch sicherer in der Rechtschreibung zu werden.

## Merkwissen im Überblick

findest du auf den Innenseiten des Umschlags.

# Strategien 1

## So vermeidest du Rechtschreibfehler

**1 a)** Lies den folgenden Text und die Verbesserungen, die daneben stehen, genau.

**b)** Mit welchen der Strategien, die rechts neben dem Text angeordnet sind, hätte man diese Fehler vermeiden können? **Tipp:** Schlage in den Umschlagklappen nach. Verbinde die Verbesserungen jeweils mit mindestens einer der genannten Strategien.

**Achtung, Fehler!**

| | |
|---|---|
| *Helden aus Knete* | |
| *Sie bekommen kein Gelt und* | *R [Geld]* |
| *machen alles, was die Trickfilmer* | |
| *wollen. Egal, ob etwas verrücktes* | *R [Verrücktes]* |
| *oder etwas anderes Besonderes.* | |
| *Sie wiedersprechen nicht und* | *R [widersprechen]* |
| *können selbst 20 Stunden am* | |
| *Stück ohne Pause arbeiten ohne* | |
| *agressiv zu werden: die Rede ist* | *R [aggressiv]* |
| *von Stars aus Knete.* | |
| *Trickfilmer benutzen oft Modelle* | |
| *aus Ton oder Kunststoffknetmase.* | *R [Kunststoff-* |
| *Da kann man schnell die Haltung* | *knetmasse]* |
| *eines Arms oder den Gesichts-* | |
| *ausdruck verändern, bevor man* | |
| *das nechste Bild aufnimmt.* | *R [nächste]* |

Ich zerlege das Wort und nutze den Wortstamm und die Wortbestandteile.

Ich verlängere das Wort.

Ich achte auf inhaltliche Bezüge im Satz.

Ich wende Regeln und grammatisches Wissen an.

**2** Welche Strategien hätten bei den anderen Fehlern helfen können? Notiere sie in den Kästen.

# Tipp 1: Sprich das Wort genau.

**1 a)** Lies den Text laut. Entscheide, ob die markierten Vokale kurz oder lang gesprochen werden.

Da zeichnet jemand Figuren, Gegenstände – und plötzlich werden sie lebendig: Die Figuren tanzen über das Blatt, der Wind rüttelt an den Bäumen, Flugzeuge schweben am Himmel. Ein Hirngespinst? Nein, ein Zeichentrickfilm! Diese Filme bestehen aus lauter Zeichnungen, die im Film auf wunderbare Weise lebendig werden.

**b)** Sortiere die markierten Wörter in die folgende Tabelle ein. Notiere die Nomen mit Artikeln.

| betonte lange Vokale | betonte kurze Vokale |
|---|---|
| | |
| | |
| | |

**2 a)** Markiere alle betonten kurzen Vokale durch einen Punkt und alle betonten langen Vokale durch einen Strich.

**b)** Schreibe ähnlich klingende Wortpaare in dein Heft.

Bahn, Masse, still, Bann, Stall, im, Mitte, ihm, Saat, Stil, satt, Stahl, Lüge, Miete, Maße, Lücke

**c)** Wähle fünf Wörter aus und formuliere zu jedem einen Satz. Schreibe in dein Heft.

**Tipp 1: Sprich das Wort genau.**

- Sprich längere oder zusammengesetzte Wörter nach Silben getrennt aus. Schreibe sie silbenbetont auf, z. B.: *die Kunst_stoff_knet_mas_se, der Zei_chen_trick_film*
- Bestimme die Länge oder Kürze des Vokals, indem du die Wörter langsam und betont vorliest. Leite davon die Schreibung ab: Auf einen kurzen Vokal folgen meist mehrere Konsonanten, z. B.:
  *der Trickfilm, das Licht, die Stunde*
  aber: *die Knete, die Figuren, der Star*

## Tipp 2: Wende Regeln und grammatisches Wissen an.

**1** Du kennst bereits eine ganze Reihe von Regeln aus dem Bereich der Rechtschreibung und aus der Grammatik, die dir helfen können, die richtige Schreibweise zu erschließen. Verbinde die Regeln mit den entsprechenden Beispielen.

| | | |
|---|---|---|
| Nomen oder andere Wortarten, die zu Nomen geworden sind, schreibt man groß. | | z. B.: *viel, lieben, das Spiel* |
| Die Buchstaben *ck* und *tz* stehen nur nach einem kurzen betonten Vokal, nach langem Vokal oder nach einem Doppellaut schreibt man immer *k* oder *z*. | | z. B.: *die Kinokarte, etwas Schönes, das Lächeln* |
| Die Höflichkeitsformen des Anredepronomens werden immer großgeschrieben. | | z. B.: *der Platz, der Trick, anpacken, setzen, die Kanzel* |
| Das lang gesprochene *i* wird in den meisten Fällen mit *ie* geschrieben. | | z. B.: *Ich hoffe, Ihnen wird der Film gefallen.* |

**2** **a)** Lies den folgenden Text und trenne die einzelnen Wörter durch Striche voneinander ab.

**b)** Schreibe den Text in der richtigen Groß- und Kleinschreibung in dein Heft.

DERAMERIKANISCHEPRODUZENTWALTDISNEYBRACHTE19

37MIT„SCHNEEWITTCHENUNDDIESIEBENZWERGE“DENERST

ENFARBIGENUNDVERTONTENZEICHENTRICKFILMINSPIEL

FILMLÄNGEHERAUS.BISDAHINKANNTEMANNURKURZETRIC

KFILMEIMVORPROGRAMM.

**Tipp 2: Wende Regeln und grammatisches Wissen an.**

- Satzanfänge, Namen, Nomen/Substantive und Nominalisierungen schreibt man groß.
- Das Dehnungs-*h* steht bei betonten langen Vokalen nur vor *l*, *m*, *n* oder *r*.
- Hinter einem betonten kurzen Vokal muss man meistens den Konsonanten verdoppeln.
- Lernwörter mit *V*/*v* oder einfachem *i* muss ich mir merken.

## Tipp 3: Zerlege das Wort. Nutze den Wortstamm und die Wortbestandteile.

**1** Sieh dir die typischen Suffixe (Nachsilben) von Adjektiven bzw. von Nomen an. Umrahme die Suffixe der Nomen und unterstreiche die Suffixe der Adjektive.

-bar -isch -keit

-heit -schaft -ig -sam

-ung -haft -tum -lich -nis

**2** Bilde mit Hilfe der Suffixe (Nachsilben) aus jedem Wort mindestens ein Adjektiv und ein Nomen.

*der Dank* → *dankbar, die Dankbarkeit*

*der Mensch* →

*der Meister* →

*trauern* →

*trennen* →

*bestechen* →

*gestehen* →

**3** Die Schreibung eines Wortes kann man vom Wortstamm eines verwandten Wortes ableiten. Trage die korrekte Schreibung ein und notiere zwei weitere Begriffe mit dem gleichen Wortstamm. Markiere jeweils die Wortstämme.

die Stra ? lung → strahlen – die Strahlung, die Sonnenstrahlen, die Ausstrahlung

tr ? men → *der*

n ? chster →

**Tipp 3: Zerlege das Wort. Nutze den Wortstamm und die Wortbestandteile.**

- Leite die Schreibung vom Wortstamm eines verwandten Wortes ab (Verwandtschaftsprobe), z. B.: *die Wo?nung → wohnen: die Wohnung*
- Leite die Großschreibung der Nominalisierungen von typischen Suffixen (Nachsilben) ab, z. B.: *E/erklärung → Nomen-Suffix: die Erklärung*
- Leite die Kleinschreibung der Adjektive von typischen Suffixen (Nachsilben) ab, z. B.: *E/erklärbar → Adjektiv-Suffix: erklärbar*

## Tipp 4: Verlängere das Wort.

**1** Finde heraus, wie die folgenden Wörter geschrieben werden, indem du sie wie im Beispiel verlängerst.

| | |
|---|---|
| Tarik lie_b_t (b/p) Kinofilme. | *Infinitiv: lieben* |
| Dort trin__t (g/k) er gerne Cola. | |
| Das Mädchen neben ihm rin__t (g/k) um Fassung. | |
| Der Hel__(d/t) reitet auf | |
| einem Pfer__(d/t) davon. | |
| Er trä__t (g/k) ein | |
| Schwer__(d/t) von großem | |
| Wer__(d/t). | |

**2** *b/p, d/t* oder *g/k*? Entscheide mit Hilfe der Verlängerungsprobe und ergänze die fehlenden Buchstaben.

**+++ Rau__kopierer kommen vor Gericht +++ Neuer Trickfilm aus Japan bei Publikum sehr belie__t +++ Regisseur: „Hoffentlich gelin__t mein neuer Film!" +++ Soundtrack zur neuen Fantasy-Serie aus dem Stan__ auf Platz eins +++ Nach Blamage auf Film-Premiere: Filmstar schwei__t +++ Nach Riesenerfol__ schwimmt Produzent in Geld +++**

**Tipp 4: Verlängere das Wort.**

Verlängerungsprobe: Um die Schreibung bei ähnlich klingenden Konsonanten am Ende eines Wortes oder Wortstamms zu ermitteln, kannst du Wörter verlängern.

- Bilde bei Nomen/Substantiven den Plural (die Mehrzahl), z. B.:
  *das Lan? → die Län**d**er: das Lan**d***
- Bilde bei Verben den Infinitiv (die Grundform), z. B.:
  *er gi?t → ge**b**en: er gi**b**t*
- Steigere Adjektive oder verwende sie vor einem Nomen/Substantiv, z. B.:
  *run? → run**d**er, der run**d**e Ball: run**d***

## Tipp 5: Achte auf inhaltliche Bezüge im Satz.

**1** **a)** Lies den Text, in dem einige Nomen unterstrichen sind.

**Donald Duck im Hollywood-Himmel**

Der „Walk of Fame" in Hollywood/USA ist die Straße der Stars. Hier sind tausende Sterne in den Boden eingelassen und verkünden die Namen der größten Schauspieler. 2004 wurde die Ehre einem berühmten Bewohner von Entenhausen zuteil: Donald Duck bekam seinen Platz auf dem Asphalt.

**b)** Welche Begleitwörter stehen jeweils vor den unterstrichenen Nomen? Umkreise sie.

**c)** Trage die Nomen mit ihren Begleitwörtern in die passenden Tabellenspalten ein.

| bestimmte Artikel | unbestimmte Artikel | Possessivpronomen | Mengenangaben | Adjektive | Nomen |
|---|---|---|---|---|---|
| *die* | | | | | *Straße* |
| | | | | | |
| | | | | | |
| | | | | | |
| | | | | | |
| | | | | | |

**2** Bestimme in den beiden Sätzen, welche Wörter Nomen sind.

**a)** Umkreise die Begleitwörter und unterstreiche die Nomen.

**b)** Schreibe die Sätze in der richtigen Groß- und Kleinschreibung in dein Heft.

VIELE BERÜHMTHEITEN SPIELEN IN BERÜHMTEN FILMEN MIT UND WERDEN DADURCH NOCH BERÜHMTER.
MIT RAFFINIERTEN TRICKS TRICKSEN VIELE TRICKFILMER IN IHREN TRICKFILMEN.

**3 a)** Lies den folgenden Text.

**Die ersten Trickfilme**

Emile Reynaud schuf die ersten Zeichentrickfilme, noch ehe es befriedigende Ergebnisse bei der Herstellung von Realfilmen gab. Seine „Licht-Pantomimen“ malte er auf durchsichtige Folien und projizierte sie mit einem raffinierten Verfahren.

**b)** Trage die unterstrichenen Nomen mit ihren Begleitwörtern in die Tabelle ein und bestimme die Begleitwörter genauer.

| Begleitwort | Nomen |
|---|---|
| *die ersten = Artikel + Zahlwort* | *(die) Zeichentrickfilme* |
| | |
| | |
| | |
| | |
| | |

**Tipp 5: Achte auf inhaltliche Bezüge im Satz.**

Meist gibt dir der Satz, in dem das Nomen/Substantiv steht, einen Hinweis auf die Großschreibung. Begleitwörter können dir ein Nomensignal geben, z. B.:

- bestimmte Artikel: *der Film, die Leinwand* **(Artikelprobe)**
- unbestimmte Artikel: *ein Film, eine Leinwand* **(Artikelprobe)**
- Adjektive: *dunkle Nacht, heller Tag*
- Possessivpronomen (besitzanzeigende Fürwörter): *mein Lieblingsfilm, deine Eintrittskarte*
- Mengenangaben: *viele Zuschauer, mehrere Verfahren, zwei Figuren*

# Tipp 6: Schlage im Wörterbuch nach.

**1** **a)** Nimm ein Wörterbuch zur Hand und suche den Abschnitt zu dem Wort „groß“.

**b)** Formuliere drei Sätze, in denen man das Wort „groß“ großschreibt, und drei, in denen es kleingeschrieben wird.

______________________________________________

______________________________________________

______________________________________________

______________________________________________

______________________________________________

______________________________________________

**c)** Kreuze an, was zutrifft:

- Das Wort „groß“ wird immer kleingeschrieben. ja ☐ nein ☐
- Innerhalb von Straßennamen schreibt man das Wort „groß“ groß. ja ☐ nein ☐
- In Verbindung mit Verben schreibt man „groß“ immer getrennt. ja ☐ nein ☐
- Das Wort „groß“ kann man steigern. ja ☐ nein ☐

**2** Trage mit Hilfe des Wörterbuchauszugs die korrekte Schreibung ein.

Ein Kinobesuch ist für die __roßen (g/G) und __leinen (k/K) das __rößte (g/G). Bei den __roßen (g/G) und __leinen (k/K) Zuschauern erfreuen sich Zeichentrickfilme __rößter (g/G) Beliebtheit. Im __roßen (g/G) und __anzen (g/G) war der Film spannend. Durch die Produktion ist der Schauspieler __roß (g/G) herausgekommen. Viele Filme finden ihren Weg über den __roßen (g/G) Teich zu uns.

**Tipp 6: Schlage im Wörterbuch nach.**

Das Wörterbuch hilft dir, die Schreibung von schwierigen Wörtern (z. B. von Lernwörtern oder Fremdwörtern) zu finden. Im Wörterbuch kannst Du auch Zweifelsfälle nachschlagen.

- Suche bei Nomen/Substantiven im Plural (in der Mehrzahl) die Form im Singular (in der Einzahl).
- Schlage bei zusammengesetzten Wörtern jedes Wort einzeln nach.
- Suche bei konjugierten Verben den Infinitiv (die Grundform).

# Übungen

## Groß- und Kleinschreibung

### Was kannst du schon?

**1** Lies den Text. Schreibe die Wörter in Großbuchstaben in der richtigen Groß- oder Kleinschreibung in die Lücken.

**Rockmusik für Haustiere**

Viele Haustiere müssen oft von (MORGENS) ________________ bis abends allein zu Hause bleiben. Aber was machen sie eigentlich den ganzen Tag, so ganz ohne (GESELLSCHAFT) ________________? Musik scheint hier das (BESTE) ________________ gegen Langeweile zu sein. Damit die allein gelassenen Haustiere nicht ganz so (EINSAM) ________________ sind, bietet ein Amerikaner ein Internet-Radio für Tiere an. Der (GRÜNDER) ________________ des Radios, (ADRIAN MARTINEZ) ________________________, hat selbst sechs Hunde und zwei Katzen und kam schließlich auf die Idee. Vorlieben wurden auch schon ausgemacht: Im (ALLGEMEINEN) ________________ bevorzugen die Zwei- und Vierbeiner Rock-Musik der 80er-Jahre.

**2** Notiere in der Tabelle für jede Regel zur Groß- und Kleinschreibung ein passendes Beispiel aus dem Text.

das Suffix = die Nachsilbe

| Großschreibung: Dieses Wort ... | Beispiel |
|---|---|
| ... ist ein Nomen. | |
| ... ist ein Nomen mit einem typischen Suffix. | |
| ... ist ein nominalisiertes Verb oder Adjektiv. | |
| ... ist eine feste Wendung. | |
| ... ist ein Eigenname. | |
| **Kleinschreibung: Dieses Wort ...** | **Beispiel** |
| ... ist ein Adjektiv mit einem typischen Suffix. | |
| ... ist ein Zeitadverb mit *s* am Ende. | |

# Nomen erkennen und großschreiben

**1** **a)** Lies den folgenden Text und unterstreiche alle Nomen.

**b)** Umkreise alle Begleitwörter.

→ Tipp 2, 5

**Fische bekommen bei Mozart Appetit**

Mozart ist der Superstar der klassischen Musik. Selbst Fische fahren auf seine Musik ab. Das haben griechische Forscher herausgefunden. Sie beschallten über Monate hinweg unterschiedliche Fischarten mit Mozarts Kompositionen. Beim Versuch wurde deutlich, dass den meisten Fischen diese musikalische Untermalung offensichtlich gefiel und ihren Appetit anregte.

Vor vielen Nomen stehen **Begleitwörter**, z. B. Artikel, Adjektive oder Mengenangaben.

**c)** Schreibe zu jedem der folgenden Begleitwörter ein Beispiel aus dem Text.

bestimmter Artikel: ______________ Adjektiv: ______________

versteckter Artikel: ______________ Possessivpronomen: ______________

Mengenangabe: ______________

**2** Im letzten Satz findest du ein Begleitwort, das zu den Demonstrativpronomen gehört.

**a)** Umkreise es farbig.

**b)** Welches Demonstrativpronomen passt hier? Ergänze.

Er möchte auf ______________ (eine bestimmte) Frage antworten.

Er geht immer wieder auf ______________ (eine bestimmte) Frage ein.

**c)** Welche Demonstrativpronomen kennst du noch? Notiere drei weitere Beispiele und formuliere zu jedem einen Satz.

1. ______________

______________

2. ______________

______________

3. ______________

______________

**Possessivpronomen** geben an, zu wem etwas gehört, z. B.: *mein* Geschenk, *dein* Buch

Mit Hilfe von **Demonstrativpronomen** verweist man auf etwas, z. B.: *jene* Frage, *dasselbe* Problem

**3** **a)** Lies nun den zweiten Teil des Textes. Unterstreiche auch hier alle Nomen und umkreise die Begleitwörter.

FISCHE SCHEINEN ALSO ECHTE KLASSIKFANS ZU SEIN. DIE FORSCHER ERKLÄRTEN SICH DIE UNGEWÖHNLICHE REAKTION DER FISCHE FOLGENDERMAßEN: DIE MOZART-STÜCKE VERMINDERN BEI DEN FISCHEN DEN STRESS UND HELLEN IHRE LAUNE SPÜRBAR AUF. DAFÜR SPRICHT AUCH DIE TATSACHE, DASS DIE FISCHE IM WASSER EINE KRÄFTIGERE FARBE BEKAMEN, WAS AUCH EIN ZEICHEN DAFÜR IST, DASS SICH DIE TIERE GUT FÜHLEN.

**b)** Schreibe den Text in der richtigen Groß- und Kleinschreibung auf.

**4** Lies nun den Merkkasten. Unterstreiche Informationen, die für dich neu sind.

**Satzanfänge, Namen** und **Nomen/Substantive** schreibt man **groß**.
Häufig stehen vor Nomen **Begleitwörter**, z. B.:

- **bestimmte und unbestimmte Artikel:** *der/ein* Versuch, *die/eine* Frage, *das/ein* Zeichen
- **Adjektive:** *kurze* Fragen, *lange* Antworten
- **Mengenangaben:** *viel/wenig* Spaß, *drei* Ecken, *einige* Menschen, *zahlreiche* Orte
- **Possessivpronomen:** *mein* Zimmer, *deine* Wohnung, *unser* Haus
- **Demonstrativpronomen:** *diese* Tür, *jene* Überschrift, *dasselbe* Buch

Manchmal ist der Artikel versteckt oder er fehlt und muss dazugedacht werden, z. B.:

- **versteckte Artikel:** *am* (= an dem) Anfang, *zum* (= zu dem) Schluss
- **gedachte Artikel:** Er hörte (*die*) Musik.

**5** Auch im Text von ↗ Aufgabe 3a musst du dir bei einem Nomen ein Begleitwort dazudenken. Markiere dieses Nomen und schreibe ein passendes Begleitwort darüber.

**6** **a)** Stelle fest, welche der Nomen im Wörterkasten typische Suffixe haben. Unterstreiche sie und umkreise die Suffixe.

→ **Tipp 3**

die Entspannung, das Regal, die Freundschaft, die Bewegung, das Ergebnis, die Gemeinheit das Bilderbuch, der Start, das Brauchtum, die Genauigkeit, der Rucksack, die Schwierigkeit, die Feindschaft, der Nachname, die Gleichheit, der Reichtum, die Weltreise, das Zeugnis

**b)** Erstelle in deinem Heft eine Tabelle wie im Beispiel.
Trage die Nomen nach Gruppen sortiert in die Tabelle ein. Markiere die Suffixe.

| Nomen-Suffix | Nomen |
|---|---|
| *-ung* | *die Entspannung, die Bewegung* |
| *-schaft* | |
| *-nis* | |
| *-heit* | |
| *-tum* | |
| *-keit* | |

**c)** Ergänze in jeder Gruppe weitere Nomen, die du aus den Wörtern im Kasten bilden kannst.

enden – landen – heilig – bekannt – wandern – eigen – berühmt – trocken – achtlos – boshaft – wild – verzeichnen

*Bsp.: enden → die Endung*

Wörter mit diesen **Suffixen (Nachsilben)** sind **Nomen/Substantive** und müssen **großgeschrieben** werden: *-schaft*, *-tum*, *-heit*, *-keit*, *-nis*, *-ung*, z. B.:
*die Mannschaft, das Altertum, die Schönheit, die Neuigkeit, das Erlebnis, die Zeichnung*

# Nominalisierte Verben und Adjektive großschreiben

**Tipp 2, 5** ←

**1** In jeder der folgenden Schlagzeilen steckt ein nominalisiertes Verb.

**a)** Unterstreiche es.

WELTBEKANNTER PIANIST: MEIN MEGAHIT ENTSTAND BEIM HERUMKLIMPERN

**DURCH JAHRELANGES ÜBEN ENDLICH AM ZIEL**

**SUPERSTAR NACH SINGEN HEISER**

**b)** Schreibe die Überschriften in der richtigen Groß- und Kleinschreibung auf.

______________________________

______________________________

______________________________

**c)** Umkreise alle Begleitwörter der Nominalisierungen. Kreuze den Satz an, bei dem du dir ein Begleitwort „dazudenken" musst.

**2** Trage die nominalisierten Verben aus dem Wörterkasten an den passenden Stellen in den Text ein.

| |
|---|
| MUSIZIEREN – SINGEN – KOMPONIEREN – RAPPEN – STIMMEN – ÜBEN – HÖREN – VORSPIELEN – AUFNEHMEN – DIRIGIEREN |

Beim *Singen* erzeugen die Stimmbänder Töne. Das ____________ gehört dazu, wenn man ein guter Musiker werden möchte. Beim ____________ wird z. B. gemeinsam Musik gemacht. Ein Musikinstrument wird beim ____________ so eingestellt, dass es sich richtig anhört. Das ____________ ist eine Art Sprechgesang. Beim ____________ wird ein Musikstück „erfunden". Das Gehör nimmt beim ____________ Töne wahr. Das ____________ ist meist Bestandteil einer Aufnahmeprüfung. Beim ____________ wird Musik auf einem Tonträger gespeichert. Durch das ____________ gerät ein Orchester nicht aus dem Takt.

**3** Groß oder klein? Ergänze in der richtigen Schreibweise.

**Wenn Rapper (DICHTEN)** _______________

Wichtig bei einem Rapsong ist vor allem das geschickte (ZUSAMMENBRINGEN) _______________ von Musik und Text. Rapstücke sind gesprochene Texte, bei denen sich oft mehrere Rapper beim rhythmischen (SPRECHEN) _______________ abwechseln, sich gegenseitig ins Wort (FALLEN) _______________ oder ein regelrechtes Wortgefecht (FÜHREN) _______________ . Die Musik ist meist ein $^{4}/_{4}$-Takt, auch „four to the floor“ genannt. Beim (FORMEN) _______________ der Verse wird nach der von der Musik vorgegebenen Takteinheit vorgegangen. Wer keine Lust hat, selbst einen Rap zu (DICHTEN) _______________ , kann sich z. B. auch bei anderen Gedichten (BEDIENEN) _______________ .

**Verben**, die wie ein **Nomen/Substantiv** gebraucht werden, schreibt man **groß**.
**Begleitwörter** helfen, **nominalisierte/substantivierte Verben** zu erkennen, z. B.:

- **bestimmte und unbestimmte Artikel**, z. B.: *Das/ein* Lachen erfüllte den Saal.
- **Adjektive**, z. B.: Auf der Straße hörte ich *lautes* Lachen.
- **Possessivpronomen**, z. B.: Mit *seinem* Lachen steckte er jeden an.
- **Demonstrativpronomen**, z. B.: *Dieses* Lachen kenne ich!

Fehlt ein Begleitwort, kann es „dazugedacht“ werden:

- **„versteckte“ und gedachte Artikel**, z. B.: *Beim* (= bei dem) Lachen hielt er sich den Bauch. (*Das*) Lachen ist die beste Medizin.

**4** **a)** Trainiere die Schreibung nominalisierter Adjektive, indem du wie im Beispiel Adjektive mit Mengenangaben kombinierst. Schreibe in dein Heft.

→ **Tipp 2, 5**

| | |
|---|---|
| alles, etwas, wenig, viel, nichts | gut, laut, schön, groß, klein, lustig, unterhaltsam, schlecht, wunderbar nützlich, wertvoll, lang, kurz, genau |

*z. B.: Er wünschte mir alles Gute zum Geburtstag.*

**b)** Überprüfe die Schreibung deiner Sätze, indem du alle Nominalisierungen unterstreichst und die Begleitwörter umkreist.

**5** Vergleiche die beiden folgenden Sätze.
Erkläre, warum nur das Adjektiv im ersten Satz großgeschrieben wird.

Das Wichtigste erzählte er am Anfang.

Das wichtigste Ereignis erzählte er am Anfang.

*Das Adjektiv im ersten Satz wird großgeschrieben, weil* ____________________

**Adjektive** können wie ein **Nomen/Substantiv** gebraucht werden. Dann schreibt man sie **groß**. **Begleitwörter** helfen, **nominalisierte/substantivierte Adjektive** zu erkennen, z. B.:

- **bestimmte Artikel**, z. B.: *Das* Gute setzt sich schließlich durch.
- **Mengenangaben**, z. B.: Wir haben *nichts* Besonderes erlebt.
- **Possessivpronomen**, z. B.: Ich gab *mein* Bestes.

Häufig stehen zwischen Begleitwort und nominalisiertem Adjektiv weitere Wörter. **Großgeschrieben** wird aber nur das Adjektiv, z. B.:

Er wünscht mir alles nur erdenklich Gute.

**6** **a)** Lies die folgenden Aussagen, die jeweils ein nominalisiertes Adjektiv enthalten. Unterstreiche die Nominalisierungen und umkreise die Begleitwörter.

**b)** Schreibe die Sätze in der richtigen Groß- und Kleinschreibung in dein Heft.

# Weitere Nominalisierungen großschreiben

**1** **a)** Lies den folgenden Textanfang. Zwei Wörter sind nominalisiert. Unterstreiche sie.

**Wie schmeckt Musik?**

Musik spielt im Allgemeinen für jeden eine wichtige Rolle. Wir finden sie schön oder doof, sie macht uns fröhlich oder traurig. Aber dass man Musik auch schmecken kann, haben viele nicht im Geringsten vermutet.

**b)** Warum werden diese beiden Wörter hier großgeschrieben? Erkläre.

→ Tipp 2, 5

*Die Wörter werden hier großgeschrieben, weil* ____________________

____________________

**2** Lies nun die Fortsetzung des Textes. Ergänze in den Lücken die passenden Wörter aus der Randspalte.

→ Tipp 2

- im Allgemeinen
- im Unklaren
- im Wesentlichen
- im Entferntesten

Bei Musik geht es ____________________ um das Hören. Eine 27-jährige Musikerin aus der Schweiz allerdings „schmeckt" Musik. Ihr Talent besteht ____________________ darin, dass sie beim Musikhören verschiedene Geschmacksrichtungen auf der Zunge fühlt. Viele wären nicht ____________________ darauf gekommen, dass man Musik schmecken kann. Man ist sich auch noch ____________________ darüber, wie diese Sinneswahrnehmung funktioniert.

**3** **a)** Lies den Merkkasten und vergleiche mit deinen eigenen Vermutungen.

In vielen **festen Wendungen** werden verschiedene Wortarten **nominalisiert/substantiviert**. Sie werden **großgeschrieben**. Häufig steht davor ein **„versteckter" Artikel**, z. B.:
*im* (= in dem) Großen und Ganzen, *im* Besonderen, *im* Folgenden, *im* Nachhinein, *im* Voraus, *im* Unklaren

Die Schreibung von weiteren festen Wendungen muss man sich **merken**, z. B.:
*außer Acht lassen, in Betracht kommen/ziehen, in Kauf nehmen, in Bezug auf*

**b)** Verwende fünf der festen Wendungen aus dem Merkkasten in Beispielsätzen. Schreibe in dein Heft.

# Adjektive kleinschreiben

**1 a)** Lies den Text.

**Umweltschonend abtanzen**

„Watt" ist die erste Ökodisko der Welt und zugleich eine der umwelt-freundlichsten. Die Betreiber der Rotterdamer Disko waren auf der Suche nach einem neuen Konzept, denn das alte hatte ausgedient. Herzstück des Lokals ist die Tanzfläche, die Schwingungen in Strom umwandelt. Die aktivsten Tänzer sind hier gleichzeitig die fleißigsten: Je heftiger man tanzt, umso mehr Watt erzeugt man.

**Tipp 5** ←

**b)** Untersuche die markierten Adjektive genauer. Warum werden sie trotz Begleitwort nicht nominalisiert und damit großgeschrieben? Kreuze an.

- ☐ Adjektive werden nie nominalisiert.
- ☐ Die Adjektive gehören zu einem Nomen im Satz.
- ☐ Es handelt sich um eine Ausnahme von der Regel.

**Tipp 3** ←

**2** Bilde aus den Nomen und Verben im Kasten passende Adjektive, indem du an den Wortstamm typische Suffixe hängst, z. B. *-lich, -sam, -ig, -isch, -bar, -haft.*

~~der Mann~~ – der Sport – sparen – heilen – der Neid – der Schreck – das Fett – das Ende – essen – schaden – raten – die Welle – der Tag

*männlich,* ____________________

____________________

**3 a)** Lies nun den Merkkasten.

> **Adjektive** schreibt man klein. Häufig besitzen sie **typische Suffixe**, z. B.:
> *reinlich, schweigsam, wendig, klinisch, zählbar, zaghaft*
>
> Adjektive können trotz eines Begleitwortes **kleingeschrieben** werden, wenn sie sich auf ein vorhergehendes Nomen beziehen, z. B.:
>
> Die Idee, die er hatte, war die beste von allen.

**b)** Kennzeichne im Text in ↗ Aufgabe 1, auf welches Nomen sich die markierten Adjektive im Satz jeweils beziehen.

# Zeitangaben richtig schreiben

**1** **a)** Lies die Zeitungsmeldung.

**Schülergruppe hatte Glück im Unglück**

**Hamburg.** Bei einem Sportfest in Hamburg-Eimsbüttel wurden am Sonntag zahlreichen Schülern die Wertgegenstände entwendet. Ein Dieb drang am Sonntagnachmittag in die Umkleideräume einer Sporthalle ein und stahl Uhren und Schmuck sowie Bargeld. Bereits am späten Montagabend wurde er jedoch von der Polizei gefasst, sodass den Schülern am Dienstagmorgen ihre Wertgegenstände zurückgegeben werden konnten. Der Dieb wurde am gestrigen Nachmittag von der Polizei verhört.

**b)** Unterstreiche alle Zeitangaben. Es sind insgesamt fünf.

**c)** Überprüfe mit Hilfe der Lösung. Erkläre, warum diese Zeitangaben großgeschrieben werden und ergänze die folgende Regel.

→ Tipp 2, 5

*Die Zeitangaben werden hier großgeschrieben, weil davor ______________________*
*stehen. Beispiele aus dem Text: ______________________*

**d)** Schreibe weitere Zeitangaben, die großgeschrieben werden, nach Gruppen sortiert auf, z. B.:

- *am nächsten Sonntag, am Dienstag,* ______________________
- *am Freitagabend, der Dienstagmorgen,* ______________________
- *heute Morgen, morgen Mittag,* ______________________

**2** **a)** Lies die folgende Aussage. Unterstreiche alle kleingeschriebenen Zeitangaben blau und alle großgeschriebenen Zeitangaben rot.

„Am Wochenende fanden morgens und nachmittags Wettkämpfe statt. Dafür hatten wir abends freie Zeit, die wir für uns nutzen konnten. Am Sonntag gab es dann den großen Schock: Viele Wertgegenstände wurden gestohlen!"

**b)** Erkläre die unterschiedliche Schreibweise, indem du ergänzt.

*Zeitadverbien, die ein ________ am Ende haben, schreibt man ______________________.*
*Beispiele: ______________________.*

**3** Lies nun den Merkkasten. Vergleiche mit deinen vorläufigen Regeln auf ➚ S. 23.

**Zeitangaben**, die **Nomen/Substantive** sind, werden **großgeschrieben**.
Begleitwörter geben hier oft das „Nomensignal". Hierzu gehören:

- **Wochentag, Tageszeit**, z. B: *der Montag, der Abend, am Morgen, am Sonntag*
- **zusammengesetzte Zeitangaben aus Wochentag und Tageszeit**, z. B.: *der Donnerstagmorgen, der Freitagmittag*
- **Tageszeit nach Zeitadverb**, z. B.: *heute Morgen, gestern Mittag*

**Kleingeschrieben** werden:

- **Zeitangaben mit -*s* am Ende**, z. B.: *morgens, nachmittags, sonntags, mittags*
- **Zeitadverbien**, z. B.: *heute, gestern, morgen, übermorgen*

**Achtung: Nomen/Substantive** mit einem **Genitiv-*s*** schreibt man ebenfalls **groß**, z. B.:
*eines Tages, eines Dienstags, eines Sonntags*

**4** Groß oder klein? Ergänze in den Lücken die richtige Schreibweise.

- Sie spielt jeden (SAMSTAGNACHMITTAG) ________________ Fußball.
- Ich habe dich (VORGESTERN) ________________ angerufen.
- Leider verpasste ich (HEUTE MORGEN) ________________ meinen Bus.
- Meine neuen Nachbarn stellten sich eines (ABENDS) ________________ vor.
- Kannst du mir (MORGEN MITTAG) ________________ bitte helfen?

**5** **a)** Erstelle in deinem Heft einen Terminkalender mit deinen Freizeitterminen in der nächsten Woche.

**b)** Beschreibe, was du nächste Woche vorhast.
Schreibe in dein Heft.

z. B.: Am Montagnachmittag spiele ich Tennis. Ich gehe dienstags und donnerstags immer ...

# Zahlwörter richtig schreiben

→ Tipp 2, 5

**1** **a)** Lies den folgenden Text.

**b)** Umkreise Zahlwörter, die als Nomen verwendet werden, blau, und Zahlwörter, die als Begleitwort auftauchen, rot.

**c)** Ergänze die Zahlwörter in der richtigen Schreibweise.

Das kleine „Wolferl“ erreicht kaum die Tasten, Klavier spielen will der (DREIJÄHRIGE) ____________ trotzdem – wie die (VIER) ________ Jahre ältere Schwester „Nannerl“. Also gibt Vater Leopold seinen (ZWEI) ________ Kindern Unterricht. Mozart entpuppt sich als Wunderkind. Der (SECHSJÄHRIGE) ____________ beginnt, eigene Stücke zu schreiben. Auch als Erwachsener bleibt er fleißig, sitzt häufig schon um (SIEBEN) ________ Uhr am Schreibtisch und komponiert. Er stirbt mit (FÜNFUNDDREISSIG) ____________________ Jahren – an welcher Krankheit weiß man bis heute nicht genau. Mehr als (SECHSHUNDERT) ____________ Stücke hat er während seines kurzen Lebens erschaffen.

**2** Lies nun den Merkkasten.

**Grund-, Ordnungs- und Bruchzahlen** werden **kleingeschrieben**. Werden sie als **Nomen/Substantiv** verwendet, schreibt man sie **groß**. Häufig stehen davor **Begleitwörter**.

| Kleinschreibung | Großschreibung |
|---|---|
| *Wir brauchen fünf Spieler.* | *Er würfelt eine Fünf.* |
| *Sie feiert ihren zwölften Geburtstag.* | *Wir gratulierten zu ihrem Zwölften.* |
| *Du brauchst einen viertel Liter Milch.* | *Das ist ein Viertel des Betrags.* |

**Grundzahlen**
eins, zwei, drei

**Ordnungszahlen**
erste, zweite, dritte

**Bruchzahlen**
viertel, achtel

**3** Übertrage die folgenden Sätze in der richtigen Schreibweise in dein Heft.

Wir lesen das DRITTE Kapitel. – Ich hätte gerne ZWEI Kugeln Eis. – Jeder ZWEITE sieht gerne fern. – Am ZWANZIGSTEN habe ich Geburtstag. – Er belegte den ERSTEN Platz. – Leider wurde sie nur LETZTE. – Er hat eine DREI geschrieben. – Die SIEBENJÄHRIGE ist sehr begabt. – Das ist meine ACHTE Reise nach Italien.

# Eigen- und Straßennamen richtig schreiben

**Tipp 2** ←

europäisch
neu
schwarz
fern
weiß
bayerisch
still
das Parlament
das Meer
der Ozean
das Haus
der Wald
der Osten
die Welt

**1** **a)** Ergänze in den folgenden Schlagzeilen die fehlenden Adjektive aus dem Wörterkasten. Schreibe wie im Beispiel groß.

| |
|---|
| Große – ~~Heiligen~~ – Schiefe – Roten |

Stromausfall am *Heiligen* Abend — Kippt der ______________ Turm von Pisa?

War Friedrich der ______________ Vegetarier? — Spendenrekord beim ______________ Kreuz

**b)** Notiere weitere Eigennamen in deinem Heft.
Verwende die Wörter in der Randspalte und schreibe die zugehörigen Adjektive groß.

*das Europäische Parlament, das Schwarze Meer, …*

Von geografischen Namen abgeleitete Wörter auf *-er* schreibt man immer groß, z. B.:
*der Kölner Dom*

Zusammensetzungen mit mehreren oder mehrteiligen Namen schreibt man mit Bindestrich, z. B.:
*die Erich-Kästner-Schule*

**2** Schreibe eine kurze Wegbeschreibung auf, z. B.:

- von deinem Zuhause zur Schule
- von deinem Sportverein zu deinem Zuhause
- von deiner besten Freundin / deinem besten Freund zu dir.

Du kannst aber auch andere Wegbeschreibungen wählen. Orientiere dich am Beispiel.

*Um vom Bahnhof zum Sportplatz zu kommen, überquert man zunächst die Wiener Straße und geht durch die Kurze Straße bis zur Bunten Allee. Diese biegt man ein, bis man …*

______________

______________

______________

______________

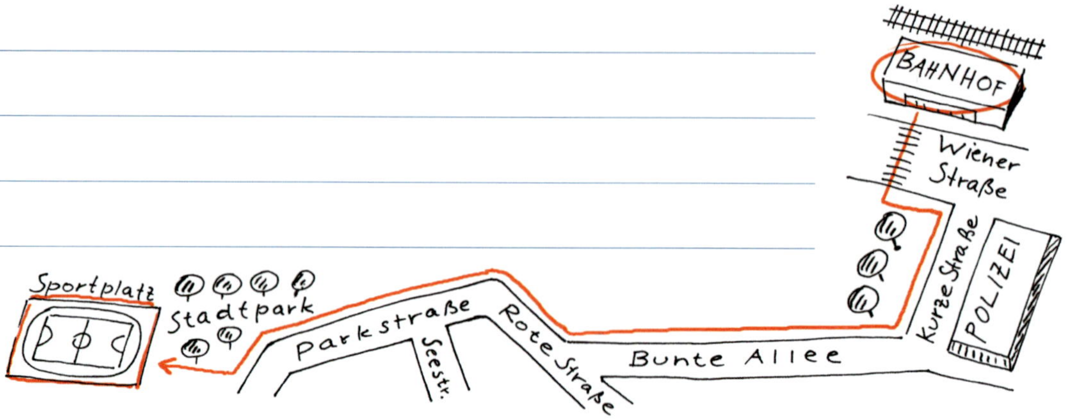


Bei **Eigennamen** schreibt man alle zum Namen gehörenden **Adjektive, Partizipien** und **Zahlwörter groß**, z. B.:
*der Große Bär, die Schwäbische Alb, die Vereinigten Staaten von Amerika*

Das **erste Wort** und alle dazugehörenden **Adjektive** und **Zahlwörter** eines **Straßennamens** werden **großgeschrieben**, z. B.:
*Berliner Straße, Bei den Drei Eichen, Am Großen Tor, Potsdamer Platz*

# Teste dich!

## Groß- und Kleinschreibung

**1** Der folgende Text enthält elf Rechtschreibfehler bei der Groß- und Kleinschreibung.

**a)** Lies den Text und unterstreiche alle Fehler. Rechts ist vermerkt, wie viele Fehler in jeder Zeile zu finden sind.

**b)** Korrigiere die Rechtschreibfehler und schreibe sie berichtigt an den Rand.

/11

**Achtung, Fehler!**

**Ton- und taktlos**

Auch wenn fast jeder zweite behauptet, unmusikalisch (1) ______________________
zu sein – nur Fünf Prozent sind es tatsächlich. (1) ______________________
Diese kommen beim singen oder klatschen aus (2) ______________________
dem Takt, weil ihr Gehirn in diesem fall streikt. Über (1) ______________________
die Ursachen ist man sich im unklaren. Man sollte (1) ______________________
aber nicht außer acht lassen, dass Musik zu hören (1) ______________________
und zu machen zu den Kompliziertesten Aufgaben (1) ______________________
für die grauen Zellen gehört. Damit alles funktioniert, ______________________
ist ein zusammenwirken beider Hirnhälften nötig. (1) ______________________
Sind bestimmte Verbindungen unterbrochen, ______________________
empfinden wir Musik im allgemeinen als Geräusch (1) ______________________
wie jedes Andere. (1) ______________________

**2** Groß oder klein? Ergänze die Lücken in der richtigen Schreibweise.

/6

Forscher haben kürzlich etwas (BESONDERES) ______________ herausgefunden: Schlagzeuger verbrauchen beim Trommeln (BESONDERS) ______________ viel Energie. Das (BESONDERE) ______________ daran: Sie sind dadurch (BESONDERS) ______________ fit, sogar fitter als Fußballer, die (BESONDERS) ______________ viel laufen müssen. Wer sich also (BESONDERS) ______________ anstrengen will, sollte einfach Schlagzeug spielen.

gesamt /17

## Groß- und Kleinschreibung

Tipp 5 ←

**1** Jede der folgenden Kurzmeldungen enthält eine Nominalisierung.

**a)** Unterstreiche alle Nominalisierungen blau und alle Nomen rot.
Umkreise vorhandene Begleitwörter.

– MUSIKWETTBEWERB LÄDT SCHÜLER ZUM MITMACHEN EIN – KONZERT IM ALL: DAS UNMÖGLICHE WIRD WAHR – ROCKSTAR GIBT AUF LETZTEM KONZERT SEIN BESTES – BEIM AUFRÄUMEN ÄLTESTE GEIGE DER WELT ENTDECKT –

**b)** Schreibe die Meldungen in der richtigen Groß- und Kleinschreibung in dein Heft.

Tipp 2, 5 ←

**2** Ergänze die Zeitangaben in der richtigen Groß- oder Kleinschreibung.

**Geige vergessen**

**Cuxhaven.** Eine Musikerin aus Berlin vergaß am vergangenen (SAMSTAG) ______ ihre Geige im Wert von rund 15 000 Euro im Zug. Die Frau war am (SAMSTAGMORGEN) ______ nach Cuxhaven gefahren, um am (SAMSTAGABEND) ______ an einem Konzert teilzunehmen, teilte die Polizei am (SONNTAG) ______ mit. Leider war die wertvolle Geige da bereits verschwunden. Nachdem Zeugen befragt wurden, konnte am (MONTAGMORGEN) ______ ein 50 Jahre alter Mann gefasst werden, der bereits (NACHMITTAGS) ______ ein Geständnis ablegte und die Geige aushändigte. Zum genauen Hintergrund der Tat wird die Polizei (MORGEN MITTAG) ______ Stellung nehmen.

**3** Groß oder klein? Ergänze in den Lücken die Zahlwörter in der richtigen Schreibweise.

Am (VIERUNDZWANZIGSTEN) ______ ist Weihnachten.

Der (VIERZEHNTE) ______ Juli ist in Frankreich ein Nationalfeiertag.

Neujahr ist immer am (ERSTEN) ______ Tag des neuen Jahres.

Der Februar hat (ACHTUNDZWANZIG) ______ Tage,
in Schaltjahren (NEUNUNDZWANZIG) ______ .

Am (VIERZEHNTEN) ______ Februar ist Valentinstag.

# Groß- und Kleinschreibung

→ Tipp 2, 5

Achtung, Fehler!

**1** **a)** Schreibe den Text in der richtigen Groß- und Kleinschreibung in dein Heft.

**kann gesang glas sprengen?**

gesang hat ungeheure kraft. aber schafft es die menschliche stimme tatsächlich, gläser zum bersten zu bringen? ein professor an der universität münchen wollte klarheit schaffen und lud eine operndiva in sein labor ein und ließ sie singen. zerschmettertes glas gab es aber am ende nicht. schlägt man nämlich gläser mit einem löffel an, hat jedes seinen eigenen ton und schwingt dabei in einer ganz bestimmten frequenz. nur wenn die sängerin exakt diesen ton trifft, kann sie es also in schwingung versetzen. um es zum platzen zu bringen, müsste sie diesen ton nun auch noch sehr lange und sehr laut singen. und das ist kaum möglich.

**b)** In dem Text gibt es zwei Nominalisierungen. Unterstreiche sie.

**2** **a)** Nominalisiere folgende Ausdrücke. Orientiere dich am Beispiel.

laut singen: *durch lautes Singen* ______

genau schwingen: ______

exakt einen Ton treffen: ______

einen Ton sehr lange halten: ______

**b)** Groß oder klein? Entscheide und schreibe richtig auf.

Sie gehört zu den (BEGABTESTEN) ______ Sängerinnen und zu den (BEKANNTESTEN) ______. Kritiker halten sie für eine der (BESTEN) ______ Künstlerinnen ihrer Generation. Das Publikum erlebt bei ihren Auftritten immer etwas (UNGEWÖHNLICHES) ______ und (ÜBERRASCHENDES) ______.

**3** Groß oder klein? Schreibe in der richtigen Groß- und Kleinschreibung in dein Heft.

ER GING ALS VIERTER INS ZIEL. EIN VIERTEL DER SCHÜLER STIMMTE DAFÜR.
WIR VIER SIND EINER MEINUNG. BEIM SPIEL WÜRFELTE ER EINE VIER.
SIE GINGEN ZU VIERT INS KINO. WIR FEIERTEN SEINEN VIERTEN GEBURTSTAG.
AM VIERTEN HAT ER GEBURTSTAG. DIE VIER IST MEINE LIEBLINGSZAHL.
WIR HABEN VIER PLÄTZE RESERVIERT. SIE BELEGTE DEN VIERTEN PLATZ.
IN MEINER TELEFONNUMMER KOMMEN VIER VIEREN VOR.

# Schreibung von langen und nach kurzen Vokalen

## Was kannst du schon?

**1** Lies den Text laut. Achte dabei besonders auf die Aussprache der markierten Wörter.

**Wann wurde das Telefon erfunden?**

Jahrtausendelang konnten Mitteilungen über weite Entfernungen nur durch Boten an ihr Ziel gelangen. Erst in der Mitte des 19. Jahrhunderts begann die Entwicklung schnellerer und sicherer Nachrichtentechniken. Das wurde möglich, als man auf den Gedanken kam, die ungeheure Geschwindigkeit der Elektrizität, die der des Lichts gleicht (299 796 km/sek), über Leitungsdrähte für die Übermittlung von Nachrichten zu nutzen.
1876 gelang Graham Bell die erste verständliche Übertragung der menschlichen Stimme über einen Apparat, der zum Telefon führte. Er meldete das erste Telefon zum Patent an.

**2** **a)** Die markierten Wörter enthalten entweder lange oder kurz ausgesprochene Vokale. Unterstreiche die betonten Vokale, die lang gesprochen werden, und setze unter die kurzen betonten Vokale einen Punkt.

**b)** Ordne die markierten Wörter in die Tabelle ein.

| lang ausgesprochene Vokale | | kurz ausgesprochene Vokale | |
|---|---|---|---|
| ohne Längenzeichen | mit Längenzeichen | ohne Kürzezeichen | mit Kürzezeichen |
| | | | |
| | | | |
| | | | |
| | | | |

Tipp 1 ←

**c)** Suche in dem Informationstext weitere Wörter mit kurz oder lang gesprochenen Vokalen. Markiere die Längen- und Kürzezeichen und ergänze die Tabelle.

# Schreibung von langen Vokalen ohne Längenzeichen

**1** Fülle die Lücken des Textes mit den Wörtern im Wortspeicher.

**Warum bleibt ein Flugzeug in der Luft?**

Man kann oft *lesen*, dass die Wölbung der Flügeloberseiten der Grund ist. Um den längeren ____________ in der gleichen Zeit zurückzulegen, muss die Luft rascher ____________. So wird der Flügel nach oben gezogen. In Wirklichkeit ist die Sache komplizierter und lässt sich am besten am Beispiel eines Hubschrauberrotors verstehen. Seine ____________ stehen etwas schräg. Dreht er sich, „pumpt" er dadurch wie ein Propeller Luft nach unten. Und die abwärts strömende Luft erzeugt eine Gegenkraft, die den Rotor nach ____________ drückt. Der gleiche Effekt tritt bei einem in einem bestimmten Winkel ____________ stehenden Flugzeugflügel auf, der zwar nicht rotiert, aber von ____________ getrieben wird. Auch er drückt strömende Luft nach unten und wird dadurch nach oben gedrückt.

~~lesen~~
Flügel
oben
schräg
strömen
Turbinen
Weg

**2** **a)** Notiere die Nomen aus dem Wortspeicher mit ihren Artikeln und unterstreiche den lang gesprochenen Vokal.

**b)** Bilde jeweils zwei Zusammensetzungen mit diesen Nomen.

*die Turbine: der Turbinenantrieb, das Turbinenflugzeug;* ____________

____________

**3** Suche in dem Text zwei weitere Verben, die einen lang gesprochenen Vokal ohne Längenzeichen enthalten, und bilde jeweils drei Wörter derselben Wortfamilie.

*zurücklegen: hinlegen, ablegen, die Legebatterie* ____________

____________

**4** Lies abschließend den Merksatz und ergänze fünf eigene Beispiele.

*In den meisten Fällen schreibt man betonte lange Vokale oder Umlaute mit einfachem Vokal,*

*z. B.:* ____________.

# Schreibung mit Dehnungs-*h*

**1** **a)** Mit diesem Orthografie-Schieber kannst du mehrere Wörter bauen: z. B. Nomen, Adjektive, Verben. Dafür musst du die Querbalken in Gedanken nach links oder rechts verschieben. Schreibe sie in korrekter Groß- und Kleinschreibung auf.

*fahren, die Fahne;* ______________________

Tipp 6 ←

**b)** Kontrolliere die Schreibung der Wörter mit dem Wörterbuch. Hake alle richtigen Begriffe ab und bilde mit fünf von ihnen jeweils einen Satz. Schreibe in dein Heft.

Tipp 3 ←

**2** Schreibe möglichst viele verwandte Wörter mit den folgenden Wortstämmen auf.

- sehn - *die Sehnsucht, sehnsuchtsvoll;* ______________________
- wa/ähl - ______________________
- ruh - ______________________

**3** Lies den Merkkasten und füge selbstständig drei Beispiele an.

Eine Möglichkeit für die Kennzeichnung eines langen Vokals ist die Verwendung eines **Dehnungs-*h***, das auch in fast allen Wörtern der Wortfamilie erhalten bleibt,

z. B.: ______________________ .

# Schreibung des langen *i*

**1** **a)** Lies den Text sorgfältig und unterstreiche alle Wörter mit *ie*.

**Wie funktioniert eine Batterie?**

Batterien sind aus unserem täglichen Leben nicht mehr wegzudenken. Wie sehr wir von Batterien abhängen, wird uns meistens bewusst, wenn wieder mal die Batterie irgendeines Geräts leer ist.
Die erste funktionierende Batterie entwickelte um das Jahr 1800 der Italiener Alessandro Volta, der später für seine Verdienste in den Grafenstand erhoben wurde. Nach ihm wurde die Maßeinheit für die elektrische Spannung „Volt" genannt. Seine Batterie bestand aus Kupfer- und Zinkplatten, die in einem Säure- oder Salzbad standen und zwischen denen sich eine elektrische Spannung aufbaute, die Strom liefern konnte.

Bei den Personalpronomen *ihm, ihn, ihnen, ihr* schreibt man das lange *i* mit *-ih*.
Bei Wörtern, die mit einfachem *i* geschrieben werden, handelt es sich meist um Fremdwörter. (↗ S. 56–63)

**b)** Sortiere alle Nomen, Verben und Adjektive mit *ie* in die folgende Tabelle ein.
Notiere die Nomen mit Artikeln.

| Nomen | Verben | Adjektive |
|---|---|---|
| *die Batterie* | | |
| | | |
| | | |
| | | |
| | | |

**c)** Ergänze in jeder Spalte weitere Wörter.
Überprüfe die Schreibung mit dem Wörterbuch.

→ Tipp 6

**d)** Bilde nun aus den Wörtern der Tabelle mindestens drei Sätze, die möglichst viele Wörter mit *ie* enthalten. Schreibe in dein Heft.

*z. B.: Die Batterie liefert Energie.*

**2** Ergänze in dem Merkkasten mindestens drei Beispiele, die verschiedenen Wortarten angehören.

In den meisten Fällen schreibt man das **lang gesprochene *i*** mit ***ie***, z. B.:

______________________________

# Schreibung mit Doppelvokalen

**1 a)** Suche im Wortgitter zehn Nomen mit einem langen betonten Vokal und ordne sie mit ihren Artikeln den folgenden Gruppen zu.

| | | | | | | | | | |
|---|---|---|---|---|---|---|---|---|---|
| M | A | S | C | H | I | N | E | P | W |
| X | R | E | C | H | N | E | R | J | A |
| Y | W | V | B | A | G | D | K | A | V |
| D | E | B | K | N | H | Z | A | H | L |
| A | R | P | L | T | J | I | B | R | E |
| T | A | A | A | R | O | E | E | K | R |
| E | T | A | P | I | P | L | L | L | T |
| N | Z | R | R | E | D | K | T | A | Z |
| B | Ö | M | E | B | R | Q | G | S | U |
| S | C | H | M | L | T | E | R | R | N |

**einfacher Vokal:** ______

**Dehnungs-*h*:** ______

**Vokalverdopplung:** ______

**Schreibung mit *ie*:** ______

**b)** Ergänze in jeder Gruppe drei Wörter.

**Tipp 6** ←

**2 a)** Schreibe zu jedem Doppelvokal mindestens drei Beispielwörter auf.

*aa: das Paar, die Waage,* ______

*oo:* ______

*ee:* ______

**b)** Bilde nun aus den Wörtern mit Doppelvokal möglichst viele Überschriften. Schreibe in dein Heft.

z.B.: *Paar im Zoo bestohlen*

Einen **langen Vokal** kann man mit oder ohne Längenzeichen schreiben. Zu den Längenzeichen zählen das Dehnungs-*h*, das *ie* und Doppelvokale.
Beachte: Umlaute (*ä, ö, ü*), *i* und *u* werden nie doppelt geschrieben.

# Schreibung nach kurzen Vokalen

**1** **a)** Lies den folgenden Text und ergänze die fehlenden Buchstaben.

**Wer erfand das Automobil?**

Im Jahr 1885 bauten zwei Deutsche, unabhängig voneinander und ohne den anderen zu ke____en, die beiden ersten brauchbaren benzingetriebenen Fahrzeuge der Welt: In Bad Cannstadt ko____struierte Gottlieb Daimler ein Zweirad, dessen Verbre____ungsmotor ½ PS leistete, in Mannheim baute Karl Benz einen dreirädrigen Motorwagen, der ebenfa____s ein großer Erfolg wurde. Wenig später rollten die ersten vierrädrigen Automobile mit 10 bis 15 km/h über die La____dstraßen. Der Verbrennungsmotor wurde seither dauernd verbe____ert und verdrängte die Da____pfmaschine als Antriebsque____e für Straßenfahrzeuge aller Art. Heute ist dieser Motor auch in vielen anderen Erfindungen von großem Nu____en. Er treibt Motorräder, Motorboote, Flugzeuge und A____ermaschinen an.

**b)** Suche in dem Text fünf weitere Wörter, die einen betonten kurzen Vokal enthalten, und notiere sie. Notiere die Nomen mit Artikeln.

**2** **a)** Verlängere die Übungswörter und schreibe sie in die zweite Spalte.

**b)** Fülle alle Spalten aus wie im Beispiel gezeigt.

| Übungswort | Verlängerung | Trennung | Übungswort |
|---|---|---|---|
| *der Schrit/tt* | *die Schritte* | *die Schrit-te* | *der Schritt* |
| *er kan/nn* | | | |
| *knap/pp* | | | |
| *der Stop/pp* | | | |

**Hinweis**
Bilde den Plural (die Mehrzahl), den Infinitiv (die Grundform) des Verbs oder steigere das Wort, wenn es sich um ein Adjektiv handelt.

**3** Lies den Merksatz zur Schreibung nach betonten kurzen Vokalen und ergänze die Beispiele.

> Folgt auf einen betonten kurzen Vokal nur ein Konsonant, so wird dieser oft verdoppelt,
>
> z. B.: ______________________________
>
> Folgen nach betontem kurzem Vokal zwei oder mehrere unterschiedliche Konsonanten,
>
> so wird in der Regel keiner verdoppelt, z. B.: ______________________________

**Tipp 2** ←

**4** Bei folgenden Wörtern ist das aber anders. Führe die Schreibung auf verwandte Wörter zurück.

er kommt – *kommen*

sie rennt – ______________________________

die Gewissheit – ______________________________

essbar – ______________________________

geschafft – ______________________________

es klappt – ______________________________

er trennt ab – ______________________________

**Tipp 1** ←

**5** **a)** Unterstreiche in diesen Schlagzeilen alle Wörter mit einem *k*- und einem *z*-Laut.

**b)** Kennzeichne in den Wörtern mit *ck* und *tz* den kurzen vorausgehenden Vokal mit einem Punkt.

**Katze löst Feuerwehreinsatz aus**

**Trickdiebe unterwegs**

Ein Mausklick zum Glück

**c)** Überlege dir selbst drei Schlagzeilen, die Wörter mit *ck* oder *tz* enthalten.
Schreibe in dein Heft.

**6** Vervollständige abschließend den Merkkasten, indem du mindestens zwei Beispiele ergänzt.

> Der *k*-Laut wird in deutschen Wörtern nach betontem kurzem Vokal mit *ck* geschrieben,
>
> der *z*-Laut mit *tz*, z. B.: ______________________________ .

# Teste dich!

## Schreibung von langen und nach kurzen Vokalen

/5

**1 a)** Setze in dem ersten Teil des Informationstextes die richtigen Buchstaben oder Buchstabenverbindungen nach kurzem Vokal ein.

**Von grünen Männchen und strahlenden Mädchen**

Ihr ke______t es a______e. Ihr seht es vermutlich jeden Tag, ärgert euch darüber, wenn ihr mal wieder aufgehalten werdet, während ihr auf den le______ten Drü______er zur Schule he______t. Dabei solltet ihr froh sein, dass es diese Sache gibt. Um wen es hier geht? Ums Ampelmännchen natürlich!

/5

**b)** Ergänze in der Fortsetzung die langen Vokale in der korrekten Schreibung.

Vor über 50 J______ren erblickte die Welt sein Licht. Okay, Welt ist übertr______ben. Zunächst g______b es das leuchtende Kerlchen nur in Ost-Berlin. Dort hatten Verkehrsexperten beschlossen, dass Fußgänger ihre eigenen Ampeln brauchten, um sich weiter gef______rlos zwischen den wachsenden Blechlaw______nen der Autos bewegen zu können.

/4

**2** Löse das Rätsel.

nicht früh, sondern s _ _ _

nicht wenig, sondern _ _ e _

Bindemittel für Straßenbeläge: der _ _ _ r

auf der Straße rollt: der _ _ _ _ _ h _

/8

**3** Der folgende Text enthält insgesamt acht Fehler bei der Schreibung von betonten langen Vokalen und nach kurzen Vokalen. Die Fehlerzahl pro Zeile ist in Klammern angegeben. Unterstreiche die Fehlerwörter und schreibe sie richtig in dein Heft.

**Achtung, Fehler!**

1868 wurde die welltweit erste Anlage vor dem Parlament in London aufgestellt. Wobei (1)
echte Ampel-Fans diesen Aparat nicht mitzälen: 1. gab er seine Signale mit (2)
beweglichen Armen. Die farbige Gaaslaterne an dessen Spizze spielte nur eine (2)
Nebenrolle; 2. war er nicht automatisch geregelt, sondern wurde per Hand von einem
Polizisten bedient; 3. flog das Ding nach wenigen Monaten in die Luft und wurde balld (1)
im wahrsten Sinne des Wortes wider aus dem Verkehr gezohgen.(2)

gesamt /22

## Schreibung von langen und nach kurzen Vokalen

**1** **a)** Unterstreiche alle lang gesprochenen, betonten Vokale.

abbiegen, Ausnahme, Bewegung, Boot, Diesel, Gebiet, gefährlich, Jahr, Mädchen, mehr, rot, Siedlung, Teer, überholen, verbieten, vermuten, Waage, wohnen

**b)** Leite davon die vier Möglichkeiten ab, einen langen Vokal anzuzeigen. Notiere jeweils drei Beispielwörter.

1. *ie: abbiegen* __________
2. __________
3. __________
4. __________

**c)** Wähle für jede Möglichkeit ein Wort aus und bilde jeweils drei verwandte Wörter.

1. *abbiegen: der Abbieger* __________
2. __________
3. __________
4. __________

**d)** Schreibe eine Geschichte zu den Ampelmännchen in dein Heft, in der möglichst viele der oben genannten Begriffe oder damit verwandte Wörter vorkommen.

**Tipp 3** ←

**2** Suche zu jedem Verb aus dem Wortspeicher ein abgeleitetes Nomen und schreibe beide Wörter auf.

| |
|---|
| kennen, hoffen, erinnern,<br>fassen, retten, sammeln, messen |

*kennen – die Kenntnis,* __________

__________

__________

__________

# Schreibung von langen und nach kurzen Vokalen

**1** Ergänze in folgendem Text die fehlenden Wörter, indem du sie von den Begriffen in den Klammern ableitest. Achtung: Einige Wörter sind zusammengesetzte Nomen.

1924 wurde in Berlin die erste Ampelanlage am Potsdamer Platz aufgestellt. Sie ____________ (DER ERSATZ) mit einem Schlag die Arbeit von zehn Beamten. Von da an war der ____________zug (SIEGEN) der Lichtsignal-Anlagen, wie Ampeln in Fachkreisen heißen, unaufhaltsam. Heute gibt es kaum eine größere ____________siedlung (WOHNEN), die ampelfrei wäre. Ausnahme: Thimbu, die Hauptstadt des Königreichs Bhutan im Himalaya-Gebirge. In dem 80.000-____________ (DER MENSCH)-Ort wird das bisschen Verkehr, das es dort gibt, auf die alte Art geregelt: durch Polizisten. Doch inzwischen hat das Ampel____________ (DER MANN) ____________ (KONKURRIEREN) bekommen durch – die Ampelfrau! Vorbild war eine Stadt in den Niederlanden, wo schon seit Jahren rote und grüne Mädchen Sorge tragen, dass Fußgänger heil zum gegenüberliegenden Bordstein gelangen. Neben der Gleichberechtigung von Mann und Frau war den ____________experten (VERKEHREN) der Rock wichtig, den die Figuren tragen. Weil der mehr Fläche ____________ (DAS GEBIET) als eine Hose, leuchten die Mädchen ____________ (DIE KRAFT) und werden seltener übersehen.

**2** Löse das Silbenrätsel. Schreibe die gefundenen Wörter in korrekter Groß- und Kleinschreibung auf. Notiere die Nomen mit Artikeln.

| |
|---|
| lich – lich – ~~müt~~ – plötz – nütz – schmut – schnit – kat – ~~ze~~ – zel – ze – zig |

Kopfbedeckung *die Müt-ze*

nicht sauber ____________

unvorhergesehen ____________

Haustier ____________

Fleischspeise ____________

sinnvoll, hilfreich ____________

# Übungen

## Getrennt- und Zusammenschreibung

### Was kannst du schon?

**1** **a)** In diesem Text sind einige Wörter markiert.
Sortiere sie in die folgende Tabelle ein.

Zu meinem letzten Geburtstag habe ich ein Buch über Pflanzen und Tiere **geschenkt bekommen**. Da kann man einige interessante Dinge erfahren. Wusstet ihr, dass Hunde **Motorrad fahren** und **Fußball spielen** können? Ich glaube aber, das sollte ich vor meinem kleinen Bruder **geheim halten**, denn sonst probiert er es mit unserem Dackel gleich aus. Und dem wird es bestimmt **schwerfallen**! Aber jetzt sollte ich es doch **beiseitelegen** und mit unserem Hund **spazieren gehen**, denn er kratzt schon die ganze Zeit an der Haustür. Anschließend muss ich mich noch mit meinen Hausaufgaben beschäftigen. Damit ich dafür nicht allzu lange brauche, sollte es in meinem Zimmer absolut **ruhig sein**.

| Nomen + Verb | Adjektiv + Verb |
|---|---|
| ____________________ | ____________________ |
| ____________________ | ____________________ |
| **Verb/Partizip + Verb** | **Zusammenschreibung** |
| ____________________ | ____________________ |
| ____________________ | ____________________ |

**b)** Setze die Wörter aus der Tabelle in den folgenden Lückentext ein.

Morgen Nachmittag werde ich im Park ____________________ .

Beim Angeln muss man ____________________ .

Wenn ich groß bin, möchte ich ____________________ .

Das Abschiednehmen wird mir ____________________ .

Das Versteck meines Tagebuchs werde ich ____________________ .

Mein Bruder hat zu Weihnachten einen Hamster ____________________ .

Dienstags gehen wir immer ____________________ .

Ich muss das Buch jetzt ____________________ , sonst schaffe ich meine Aufgaben nicht rechtzeitig.

## Verbindungen aus Nomen und Verb

Nomen:

Blumen, Rosen, Pflanzen, Rasen, Laub, Beeren, Beete, Boden

Verben:

lockern, harken, schneiden, gießen, umgraben, mähen, ernten, umtopfen

**1 a)** Verbinde jedes Nomen mit einem geeigneten Verb und schreibe sie wie im Beispiel auf.

*Laub harken,*

**b)** Wähle fünf Wortgruppen aus und schreibe zu jeder einen Satz.

*Damit die Wiese gut wachsen kann, muss man im Herbst oft Laub harken.*

**2 a)** Finde selbst mindestens vier Verbindungen aus Nomen und Verben, die beschreiben, was man in den Ferien unternehmen kann.

*Bücher lesen, Fahrrad fahren*

**b)** Schreibe einen zusammenhängenden Text, in dem alle Wörter aus ↗ Aufgabe 2a enthalten sind. Schreibe in dein Heft.

**3** Jedes zweite Jahr findet in einer anderen Stadt in Deutschland die Bundesgartenschau statt.

**a)** Lies folgende Beispielsätze genau.

Im Vorfeld müssen die Gärtner Wege verlegen und Bäume pflanzen.
Das Wegeverlegen und Bäumepflanzen ist anstrengend.
Damit die Beete immer gepflegt aussehen, muss man fast täglich Unkraut jäten.
Das Unkrautjäten kostet viel Zeit.
Um Eintrittskarten für die Bundesgartenschau zu bekommen, muss man oft Schlange stehen.
Das Schlangestehen macht mir nichts aus.

**b)** Unterstreiche die Wortverbindungen, die einmal getrennt und einmal zusammengeschrieben werden.

**c)** Was fällt dir bei der Getrennt- und Zusammenschreibung auf?
Um welche Wortart handelt es sich jeweils? Notiere es.

*Bäume pflanzen → Verwendung als* ____________________

*das Bäumepflanzen → Verwendung als* ____________________

**4** Ergänze nun in folgender Regel, die für die Schreibung von Verbindungen zwischen Nomen und Verben gilt, jeweils ein Beispiel.

> Die Wortgruppen aus **Nomen/Substantiven** und **Verben** schreibt man in der Regel getrennt,
>
> z. B.: ____________________
>
> Aber: Die **Nominalisierungen** werden zusammengeschrieben,
>
> z. B.: ____________________

**Tipp 2** ←

**5** **a)** Entscheide, ob die Wortverbindungen in Klammern getrennt oder zusammengeschrieben werden.

Auf dem Gelände darf man nicht mit dem ____________________ (Rad fahren/Radfahren).

Beim ____________________ (Rasen mähen/Rasenmähen) kommt man ins Schwitzen.

Denke an das tägliche ____________________ (Blumen gießen/Blumengießen).

**b)** Formuliere mit der jeweils nicht verwendeten Form ein neues Beispiel. Schreibe in dein Heft. Überprüfe anschließend mit Hilfe der Lösungen.

# Verbindungen aus Adjektiv und Verb

**1** **a)** Lea soll in Biologie ein Referat über Antilopen halten. Lies die folgenden Beispiele.

| Sie möchte das Referat *gut machen*. | Sie möchte damit die verpatzte Klassenarbeit *gutmachen*. |
|---|---|
| Sie hat sich für das Referat viel vorgenommen. | Um ihre Note aufzubessern, hält sie das Referat. |
| = wörtliche Bedeutung | = übertragene Bedeutung |

**Hinweis**
Verbindungen aus Adjektiv und Verb können in wörtlicher oder übertragener Bedeutung gebraucht werden. Bei wörtlicher Bedeutung schreibt man sie getrennt, bei übertragener Bedeutung schreibt man sie zusammen.

**b)** Überlege dir nun zu dem Verb *blaumachen* und zu der Wortgruppe *blau machen* ebenfalls je einen Beispielsatz.

________________________________________

________________________________________

________________________________________

________________________________________

**2** Bilde aus zwei Bausteinen passende Wortverbindungen und trage sie in die Lücken ein:

hoch – frei – laufen – laut – sauber – schreiben – sprechen – reden – springen – weit

Für ihr Referat hat sich Lea viel vorgenommen. Damit sie jeder gut verstehen kann, muss sie ____________________ . Auch sollte sie sich von ihren Aufzeichnungen lösen und ____________________ .

Zur Verdeutlichung ihrer Ausführungen erstellt sie ein Plakat, das sie besonders ____________________ will.

Um bei ihren Mitschülern von Anfang an Interesse zu wecken, beginnt sie ihren Vortrag damit, dass Antilopen ________________ und ________________ können.

**Tipp 6** ←

**3** Vervollständige nun den Merkkasten, indem du zwei Beispielsätze anfügst.

> **Verbindungen aus Adjektiven** und **Verben** werden getrennt geschrieben, wenn man sie in wörtlicher Bedeutung verwendet und jedes Wort seine eigene Bedeutung hat, z. B.:
>
> ___
>
> ___
>
> ___

**4** Klein schreiben oder kleinschreiben?

| | |
|---|---|
| An der Tafel darf man nicht zu klein schreiben. | mit kleinen Anfangsbuchstaben schreiben |
| Verben muss man kleinschreiben. | mit kleiner Schrift schreiben |

**a)** Verbinde den Beispielsatz jeweils mit der entsprechenden Erklärung.

**Tipp 5** ←

**b)** Notiere zwei weitere Beispiele, in denen die Verbindung einmal getrennt und einmal zusammengeschrieben wird. Schreibe zu den Beispielen je zwei Sätze auf.

*schwer fallen – schwerfallen: Der Verzicht auf Süßes wird mir schwerfallen – Das Gewicht wird schwer fallen;*

___

___

___

**5** **a)** Suche jeweils eine Verbindung aus Adjektiv und Verb, die einmal getrennt und einmal zusammengeschrieben wird.

nachschlagen, um Gewissheit zu haben ___

Erklärung: ohne zu stürzen ___

___ jemanden nicht verurteilen

___ eine Rede halten

**b)** Bilde nun mit jeder Verbindung einen sinnvollen Satz. Schreibe in dein Heft.

**6** Entscheide, ob du hier getrennt oder zusammenschreiben musst.
Wenn eine übertragene Bedeutung vorliegt, notiere sie in Klammern.

→ **Tipp 2, 6**

laut/sprechen – Um gut verstanden zu werden, sollte man ______________________.

( ______________________ )

richtig/stellen – Ich möchte diese Aussage

______________________.

( ______________________ )

italienisch/essen – Wir gehen heute Abend

______________________.

( ______________________ )

kürzer/treten – Du siehst abgespannt aus und solltest unbedingt

______________________.

( ______________________ )

**7** In diesen Sätzen wird eine Wortverbindung einmal in wörtlicher und einmal in übertragener Bedeutung verwendet.

**a)** Trage jeweils in Klammern die übertragene Bedeutung ein.

**b)** Schreibe die Wörter in der richtigen Getrennt- und Zusammenschreibung in die Lücken.

→ **Tipp 5**

gut schreiben – gutschreiben (*anrechnen*)

Wenn man ______________________, kann der Empfänger auch alles entziffern.

Der Bankangestellte will die Zinsen dem Bankkonto ______________________.

fest halten – festhalten ( ______________________ )

Du musst das sehr ______________________, damit es nicht herunterfällt.

Dies sollten wir im Protokoll ______________________.

sicher gehen – sichergehen ( ______________________ )

Mit flachen Schuhen kannst du ______________________.

In diesem Fall muss der Rechtsanwalt ______________________.

# Verbindungen aus Verb und Verb

**1** **a)** Suche aus dem Wortgitter alle Verben und umrahme sie.

**b)** Trage nun alle waagerechten Verben in den linken und alle senkrechten in den rechten Stern ein.

| | | | | | | | | | |
|---|---|---|---|---|---|---|---|---|---|
| E | I | N | K | A | U | F | E | N | A |
| I | W | T | F | H | U | R | D | L | F |
| K | S | P | A | Z | I | E | R | E | N |
| E | T | W | E | R | T | U | L | R | R |
| T | A | N | Z | E | N | F | A | N | U |
| G | I | R | D | T | E | S | S | E | N |
| E | O | W | H | C | U | X | S | N | Ü |
| H | P | T | R | Ä | U | M | E | N | B |
| E | R | E | C | H | N | E | N | W | E |
| N | L | T | H | L | L | E | S | E | N |
| A | M | W | Q | H | U | R | T | E | H |
| S | C | H | W | I | M | M | E | N | B |

**c)** Bilde aus den einzelnen Verben im linken und im rechten Stern Wortkombinationen. Dabei dürfen Verben aus dem rechten Stern mehrfach verwendet werden. Schreibe in dein Heft.

*z. B.: schwimmen gehen*

**d)** Formuliere mit drei Wortkombinationen jeweils einen Satz, der beschreibt, was du am Wochenende gern machst. Schreibe in dein Heft.

*z. B.: Bei schönem Wetter werde ich am Samstag schwimmen gehen.*

Verbindungen aus **zwei Verben** werden in der Regel **getrennt geschrieben**, z. B.:
*schwimmen lernen, fangen spielen, essen gehen*

# Verbindungen aus Partizip und Verb

**1** **a)** Bilde sinnvolle Verbindungen aus Partizip und Verb, indem du die Verben aus dem Wortspeicher in die rechte Spalte der Tabelle einträgst.

**Wortspeicher**
schreiben
gehen
bekommen
nehmen
halten

| Partizip | + Verb |
|---|---|
| geliefert | bekommen |
| gefangen | |
| gefangen | |
| verloren | |
| getrennt | |

**b)** Bilde nun Sätze im Perfekt mit den Verbindungen aus der Tabelle.

*Gestern haben wir endlich unseren neuen Fernseher geliefert bekommen.*

**2** Lies nun folgenden Merkkasten und ergänze je ein Beispiel.

**Verbindungen aus Partizip und Verb** werden in den **meisten Fällen getrennt geschrieben**, z. B.:

# Verbindungen mit *zu*

**1 a)** Lies die beiden Beispielsätze und markiere jeweils, welcher Teil der Verbindung mit *zu* betont wird.

Er bat mich, ihm das Buch *zu geben*.
Du musst *zugeben*, dass das eine gute Idee war.

**b)** Vervollständige nun folgende Regel. Verwende die Bausteine aus dem Hilfekasten.

**Hilfe**
- auf der Vorsilbe *zu-*: zugeben
- auf dem Verbstamm *geb-*: zu geben

Wenn es sich um einen **Infinitiv mit *zu*** handelt, liegt die Betonung

---

Wenn es sich um ein **Verb mit der Vorsilbe *zu*** handelt, liegt die Betonung

---

**Tipp**
**Ersatzprobe**
Wenn es sich um einen **Infinitiv mit *zu*** handelt, kannst du das Verb ersetzen, das *zu* bleibt erhalten, z. B.: ... das Buch **zu** *geben* → **zu** *überreichen*. Handelt es sich um ein Verb mit der **Vorsilbe *zu***, dann wird das **ganze Wort ersetzt**.

**2** Bilde jeweils einen Satz mit Getrennt- und einen mit Zusammenschreibung.

zu hören/zuhören: ______

______

zu machen/zumachen: ______

______

zu schließen/zuschließen: ______

______

zu halten/zuhalten ______

______

**3 a)** Notiere noch drei weitere Wortpaare mit *zu*, bei denen beide Schreibweisen möglich sind.

______

______

______

**Tipp 6** ←

**b)** Formuliere mit jeder Form einen Satz. Schreibe in dein Heft.

# Verbindungen mit *zusammen*

**1** **a)** Lies die beiden Beispielsätze laut.

Du musst deine Schulsachen *zusammenpacken.*
*Zusammen packen* wir das.

**b)** Entscheide, in welchem Sinn das Verb jeweils verwendet wird, und verbinde die Felder.

| | | |
|---|---|---|
| zusammenpacken | im Sinne von | einpacken |
| zusammen packen | | gemeinsam packen |

**c)** Vervollständige nun den folgenden Merkkasten.

> Die **Verbindung mit *zusammen*** schreibt man **getrennt**, wenn sich das Wort *zusammen* durch
> ______________________ ersetzen lässt, z. B.:
> Zusammen packen wir das → ______________________ packen wir das.

**Tipp**
Auch hier funktioniert die **Betonungsprobe**. Bei der Getrenntschreibung werden **beide Wörter** betont, bei der Zusammenschreibung wird nur das Wort ***zusammen*** betont.

**2** Entscheide, welche der beiden Formen du verwenden musst.
Ergänze aus dem Wortspeicher.

- Für die Feier müssen wir die Einkaufsliste ______________________.
- Die schweren Getränkekisten sollten wir ______________________.
- Für heute Abend werde ich mir ein cooles Outfit ______________________.

**Wortspeicher**
zusammen
- stellen
- schreiben
- tragen

→ Tipp 6

**3** Bilde aus dem Wortstern passende Verbindungen. Unterscheide wie im Beispiel beide Schreibweisen.
Gib bei der Zusammenschreibung ein Ersatzwort oder eine Umschreibung an.
Schreibe in dein Heft.

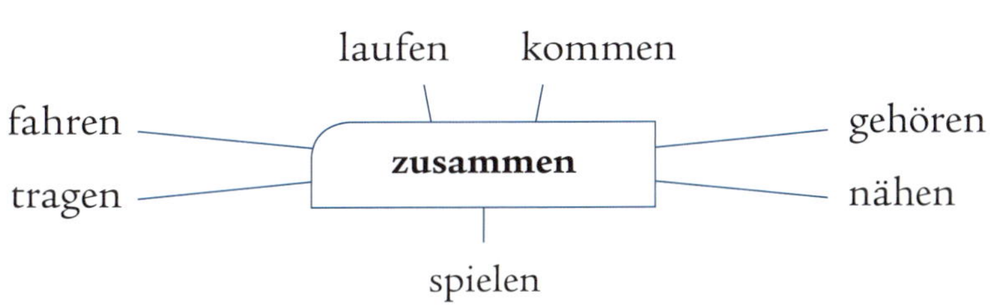


Getrenntschreibung: *zusammen laufen*

Zusammenschreibung: *zusammenlaufen (sich treffen)*

## Verbindungen mit *sein*

**1** **a)** Lies die folgenden Beispiele.

Als Stewardess muss man immer freundlich sein. Das Freundlichsein fällt ihr leicht.

**b)** Unterstreiche das Verb *sein* und das dazugehörige Adjektiv.

**Verbindungen mit dem Verb *sein*** werden ______________________ . Das gilt für alle Zeitformen. Nur, wenn diese Verbindung als Nomen gebraucht wird (Nominalisierung), schreibt man sie ________________ .

Tipp 6 ←

**2**

daanausdabeihierzusammenallein

**a)** Teile die Wörterschlange durch senkrechte Striche in sinnvolle Wörter.

**b)** Verbinde die gefundenen Wörter jeweils mit dem Hilfsverb *sein* und schreibe die Kombination getrennt in die linke Spalte der Tabelle.

| Infinitiv | Satz im Perfekt |
|---|---|
| *da sein* | *Mein Bruder ist auch da gewesen.* |
| | |
| | |
| | |
| | |
| | |
| | |

**c)** Trage nun wie im Beispiel je einen Satz im Perfekt in die Tabelle ein.

**d)** Wähle drei Verbindungen aus der linken Spalte der Tabelle und schreibe zu jeder einen Beispielsatz in dein Heft, in dem die Form mit *sein* als Nomen gebraucht wird.

## Zusammenschreibung von Wörtern

**1** **a)** Lies die Wörter im Kasten und unterstreiche alle Nomen blau, alle Adjektive rot, die Verben grün und die Präpositionen gelb.

> Schluss, Tod, Haus, Schlaf, Garten, Maß, Messer, an, bitter, grün, auf, bunt, froh, Stock, lang, Brand, wandeln, geben, regeln, kommen, Meister, Zeug, Wagen, Metall, Stand, sprechen, nehmen, locken, dunkel, folgern, weilen, aktuell, Fall, stellen, Zaun, böse, scharf, schnell, Blitz, unter

**b)** Bilde nun sinnvolle Zusammensetzungen aus den Wörtern und sortiere sie in die entsprechende Spalte ein. Notiere die Nomen mit Artikeln.

| Nomen | Adjektive | Verben |
|---|---|---|
| | | |
| | | |
| | | |
| | | |
| | | |
| | | |
| | | |
| | | |
| | | |
| | | |
| | | |
| | | |
| | | |

**2** Bilde mit den folgenden Wortbausteinen jeweils eine Zusammensetzung, und markiere die Wortteile, die nicht alleine stehen können.

*-fach:* *einfach* ______ *-schwerst* ______

*letzt-* ______ *-deutig* ______

*-spurig* ______ *-mütig* ______

**Tipp 6** ←

**3** Die folgenden Wortbausteine können nicht alleine stehen. Bilde mit jedem Baustein zwei neue Wörter.

| | | | |
|---|---|---|---|
| -seits | *andererseits, diesseits* | -wegs | |
| -dings | | -wärts | |
| -falls | | -maßen | |

**4** Diese Wörter musst du dir einprägen. Bilde zu zwei Wörtern aus jeder Gruppe einen Satz.

*Konjunktionen (Bindewörter):* anstatt, sooft, solange, soweit, sobald, sofern

*Präpositionen (Verhältniswörter):* anhand, infolge, zugunsten

*Pronomen (Fürwörter):* irgendwer, irgendein, irgendetwas

*Zugunsten der Schülerinnen und Schüler wurde an besonders heißen Tagen in den Pausen Eis verkauft.*

**5** Lies abschließend den Merkkasten.

**Nomen/Substantive, Adjektive** oder **Präpositionen** können mit **Verben untrennbare Zusammensetzungen** bilden. Man schreibt sie stets zusammen, z. B.: *schlafwandeln, langweilen, übernehmen*

**Mehrteilige Adverbien, Konjunktionen, Präpositionen und Pronomen** schreibt man zusammen, wenn die Wortart, die Wortform oder die Bedeutung der einzelnen Wortbestandteile nicht mehr deutlich erkennbar ist, z. B.: *diesmal, sobald, anhand, irgendetwas*

# Teste dich!

## Getrennt- und Zusammenschreibung

**1** Wortgruppe oder zusammengesetztes Verb? Setze die korrekten Formen ein. /8

*fest/binden*: Du musst den Hund draußen ______________________.

Du solltest den Schuh ______________________, damit sich die Schleife nicht löst.

*zusammen/kommen*: Werdet ihr zu der Party ______________________?

So jung werden wir nicht mehr ______________________.

*fest/stehen*: Bei einem Spiel sollten die Regeln vorher ______________________.

Um bei einem Unwetter nicht einzustürzen, muss die Hütte ______________________.

*zu/sagen*: Ich hoffe, du wirst meiner Einladung ______________________.

Ich habe nichts mehr ______________________.

**2** Setze bei folgendem Text die Wörter in der richtigen Getrennt- und Zusammenschreibung in die Lücken. /6

Mit einem Fertigkuchen zum Geburtstag seiner Mutter wollte sich Jan nicht (zufrieden geben/zufriedengeben) ______________________: Er wollte die Geburtstagstorte unbedingt (selbst backen/selbstbacken) ______________________!

Mit einem Rezept aus dem Internet konnte schließlich nichts (schief gehen/schiefgehen) ______________________. Obwohl er laut Anweisung alles (richtig machte/richtigmachte) ______________________, war die Torte am Ende ganz in sich (zusammen gesunken/zusammengesunken) ______________________.

Seine Mutter freute sich trotzdem, weil sie (gut schmeckte/gutschmeckte) ______________________ und weil schließlich die Absicht zählt.

**3** In deinem Text stecken fünf Fehler. Unterstreiche sie und schreibe den Text in der richtigen Getrennt- und Zusammenschreibung in dein Heft. /5

**Achtung, Fehler!**

*Klavier spielen ist ein schöner Ausgleich zum Schulalltag. Das Noten lesen bereitet mir keine Mühe. Allerdings muss ich nachher Biolernen, denn morgen schreiben wir einen Bio Test. Doch jetzt wird mir die Ablenkung guttun.*

gesamt /19

## Getrennt- und Zusammenschreibung

**1 a)** Lies folgende Wörter genau und schreibe zunächst die Nomen mit Artikeln in dein Heft.

LAUFEN SCHLITTSCHUH FAHREN SEIL KARTEN RAD SPRINGEN BACKEN KUCHEN SPIELEN

**b)** Verbinde nun die Nomen mit einem passenden Verb.

**c)** Notiere zu jeder Verbindung zwei Sätze, in denen sie einmal getrennt und einmal zusammengeschrieben wird. Schreibe in dein Heft.

*z.B.: In der Pause wollen wir Karten spielen.*

*Beim Kartenspielen braucht man auch Glück.*

**2** In diesen Sätzen stecken zwei Fehler bei der Schreibung der Verbindung von Adjektiv und Verb. Streiche die falschen Wörter durch und notiere sie korrekt daneben.

**Achtung, Fehler!**

Die Aufgabe ist mir schwer gefallen. ______

Ich muss das Aquarium sauber halten. ______

Das Versteck meines Tagebuchs werde ich geheimhalten. ______

Der Arzt wird ihn krankschreiben. ______

**3** Löse das Rätsel.

Das sollte man mit einem Hund mindesten dreimal täglich. _ _ _ _ _ _ _ _ _   _ _ _ _ _

Die Polizei kann den Einbrecher ... _ _ _ _ _ _ _ _   _ _ _ _ _ _

Die meisten Wörterverbindungen muss man ... _ _ _ _ _ _ _ _   _ _ _ _ _ _ _ _ _

# Getrennt- und Zusammenschreibung

**1** Füge die Wortverbindungen in der richtigen Schreibung in die Sätze ein.

Viele wollen vor allem ______________ (fern/sehen), um sich ______________ (gut/zu/amüsieren). Manche können sich an Casting-Shows nicht ______________ (satt/sehen). Während diese Sendungen die einen völlig ______________ (kalt/lassen), könnten sich die anderen dabei ______________ (tot/lachen).

**2** Bilde mit den Wortverbindungen je einen Satz und erläutere kurz den Bedeutungsunterschied. Schreibe in dein Heft.

vorhersagen – vorher sagen

wiederholen – wieder holen

**3** **a)** Setze in der Wörterschlange Trennstriche an den Wortgrenzen.

**b)** Vervollständige den Text, indem du die Wörter und Wortgruppen aus der Wörterschlange in die richtigen Lücken setzt. Achte auf die Getrennt- und Zusammenschreibung.

Radfahrenschwimmengehenzurzeitsovielbeiseitelegenzusammenpackenrichtigstellendasein

Die Redaktion der Schülerzeitung trifft sich ______________ fast täglich, da der Erscheinungstermin der aktuellen Ausgabe immer näher rückt. „Heute Nachmittag um 15:00 Uhr müssen alle Redakteure ______________, da noch ______________ zu tun ist“, verkündet Chefredakteur Philipp. „Wir sollten zunächst die unwichtigen Dinge ______________, weil wir einige Punkte ______________ müssen. Besonders in dem Artikel über das ______________ stimmen die Zahlen noch nicht. Lasst uns nach der Sitzung zur Belohnung all unsere Sachen ______________ und gemeinsam ______________, um den Tag noch schön ausklingen zu lassen.“

# Fremdwörter richtig schreiben

## Was kannst du schon?

**1** Fremdwörter gesucht!

~~die Blamage~~
(sprich: /*blamasche*/)
*der Friseur*
*attraktiv*
*die Diskussion*
*die Garage*
*die Gratulation*
*aggressiv*
*der Chauffeur*

**a)** Lies die Kurzbeschreibungen. Ergänze dann passende Fremdwörter aus der Randspalte. Schreibe Nomen mit ihren Artikeln.

1: peinliche Situation, 2: anziehend, hübsch, 3: Fahrer eines Wagens, 4: Gespräch, Auseinandersetzung, 5: der Glückwunsch, 6: Abstellraum für ein Auto, 7: Person, die beruflich Haare schneidet, 8: streitsüchtig/angriffslustig

| | |
|---|---|
| *die Blamage* (1) | ________ (5) |
| ________ (2) | ________ (6) |
| ________ (3) | ________ (7) |
| ________ (4) | ________ (8) |

**b)** Die Wörter in der linken Spalte sind ähnlich „gebaut" wie die aus der rechten Spalte. Markiere den „Baustein", der jeweils gleich ist.

**Tipp 6** ←

**2** Welches Fremdwort wird hier gesucht? Ergänze in der richtigen Schreibweise.

Der Regis[redacted] ________ sorgte mit seinem neuen Film für eine Sensat[redacted] ________. Die vielen Film[redacted]s ________ verursachten bei der Prem[redacted] ________ ein großes[redacted]os ________.

**3** Der Wortaufbau hilft, die richtige Schreibung von Fremdwörtern zu finden. Erkläre und ergänze.

*Viele Fremdwörter haben typische „Bausteine", z. B.:* ________

*Diese helfen beim Schreiben, weil* ________

# Fremdwörter – den Wortaufbau nutzen

**1** Im Wörtergitter sind fünf Wörterpaare aus derselben Wortfamilie versteckt (Nomen und Verb).

**a)** Markiere die zusammengehörenden Wörter.

| | | | | | | | | | | | | | | |
|---|---|---|---|---|---|---|---|---|---|---|---|---|---|---|
| I | N | F | O | R | M | A | T | I | O | N | F | F | O | T |
| E | O | P | E | R | I | E | R | E | N | E | A | U | P | R |
| C | D | G | F | G | A | X | N | R | V | F | G | N | E | E |
| D | G | M | E | H | D | A | C | K | W | F | B | K | R | P |
| V | J | A | R | K | O | T | U | U | D | N | D | T | A | A |
| F | M | R | E | P | A | R | I | E | R | E | N | I | T | R |
| T | I | N | F | O | R | M | I | E | R | E | N | O | I | A |
| F | U | N | K | T | I | O | N | I | E | R | E | N | O | T |
| P | R | O | D | U | K | T | I | O | N | J | I | H | N | U |
| E | L | P | R | O | D | U | Z | I | E | R | E | N | I | R |

**b)** Schreibe die Wörterpaare in der richtigen Groß- und Kleinschreibung in dein Heft.

z. B.: *die Funktion – funktionieren*

**2** Untersuche die Verben genauer. Kreuze an, was richtig ist.

→ Tipp 3

das Suffix = die Nachsilbe

Alle Verben …

- ☐ … haben denselben Wortstamm.
- ☐ … lassen sich vom Wortstamm des Nomens ableiten.
- ☐ … haben dasselbe Suffix.

**3** **a)** Notiere zu den Nomen in der Randspalte möglichst viele Wörter aus derselben Wortfamilie (auch Wortzusammensetzungen). Schreibe in dein Heft.

→ Tipp 3, 6

die Dekoration
die Demonstration
die Diskussion
die Konstruktion

z. B.: *die Dekoration: dekorieren, dekorativ,*

**b)** Umkreise typische Fremdwort-Suffixe.

Einige Fremdwörter, die ursprünglich mit ***Ph-/ph-*** geschrieben wurden, kann man auch mit ***F-/f-*** schreiben, z. B.:
*der Delfin*
*das Foto*
*fantastisch*

Bei vielen Fremdwörtern hörst du in der Wortmitte ein /*w*/, schreibst aber *v*, z. B.:
*das Klavier*
*nervös*
*reservieren*

**4** Lies nun den Merkkasten und vergleiche mit deinen Beobachtungen.

Bei **Fremdwörtern** orientieren sich **Schreibung** und **Aussprache** an der Fremdsprache, z. B.:
*das Chaos (/kaos/, griech.), die Qualifikation (/kualifikazion/, lat.), die Massage (/massasche/, franz.), der Job (/dschob/, engl.), das Mountainbike (mauntenbeik/, engl.), relaxen (/riläxen/, engl.)*

Viele Fremdwörter haben **typische Buchstabenkombinationen und Wortbausteine**, z. B:
***Th-/th-***: *das Thema, das Theater, theoretisch, die Theke, die Therme*
***Ph-/ph-***: *die Physik, philosophisch, das Phantom, phänomenal, die Phase*
***-age***: *die Collage, die Garage, die Etage, die Blamage, die Montage, die Passage*
***-tion***: *die Funktion, die Konstruktion, die Sensation, die Gratulation*
***-eur***: *der Friseur, der Regisseur, der Monteur, der Chauffeur, der Kontrolleur*

**Tipp 6** ←

**5** Aus den angeführten Silben kannst du Fremdwörter „bauen“.
Ergänze unten in der richtigen Schreibweise.
Notiere Nomen mit ihren Artikeln.

tie

~~Dif~~ Ga In tiv

exis in ~~renz~~

pre os ~~fe~~ Cha

ge mon ren

tie for ta ma

ter on Dis

ra tanz ren ti

der Unterschied: *die Differenz*

da sein/bestehen: ______

die Deutung (z. B. einer Geschichte): ______

Abstellplatz für ein Auto: ______

die Unordnung: ______

aufschlussreich: ______

anbauen, aufbauen: ______

die Entfernung: ______

Fremdwörter werden nach Sprechsilben getrennt, z. B.:
*das Vi-ta-min*

Folgt in einem Fremdwort *l*, *n* oder *r* auf einen Konsonanten, gibt es zwei Möglichkeiten zu trennen:
*das Sig-nal*
*das Si-gnal*

**6** Trainiere die Schreibung der Fremdwörter aus ↗ Aufgabe 5a.
Schreibe sie in die passenden Lücken der folgenden Sätze.

Unsere Werkstatt wird am Samstag die Winterreifen an das Auto

______________________ .

Er stellte den Wagen in die ______________________ .

Eine ______________________ hilft, eine Geschichte besser zu verstehen.

Ohne Sauerstoff können wir nicht ______________________ .

Zwischen den Beträgen lag eine ______________________ von zwei Euro.

Die aufgebrachte Menschenmenge sorgte für ein ______________________ .

Die ______________________ zwischen den beiden Städten beträgt 200 km.

Der Film war ______________________ , sodass ich einiges gelernt habe.

**7** Von den Nomen in Klammern kannst du passende Adjektive oder Verben ableiten.

→ **Tipp 3**

**a)** Ergänze die Lücken. Achte auf die richtige Schreibweise.

**Wesen der Tiefe**

Seeleute erzählen seit Jahrhunderten von Riesenkraken, die in der Tiefsee ______________________ (die Existenz) sollen. Wie man heute weiß, sind diese Geschichten nicht nur Seemannsgarn: Vor der Küste der Antarktis wurde 2007 ein Riesenkrake gefangen, dessen Größe ______________________ (die Sensation) war, nämlich ganze zehn Meter. Wirklich ______________________ (die Prominenz) ist ein anderes Wasserwesen: Das Ungeheuer vom See Loch Ness in Schottland, kurz: Nessie. Zum ersten Mal konnte eine schottische Zeitung 1933 einen Artikel über das sagenumwobene Ungeheuer veröffentlichen. Ein Zeuge gab sogar an, er habe versucht, das Wesen zu ______________________ (die Fotografie). Nessie-Fans ______________________ (das Interesse) sich für jede noch so kleine Neuigkeit. Die Frage, ob es das Ungeheuer wirklich gibt, ist bis heute ______________________ (die Aktualität).

Notiere Adjektive in der Grundform und Verben im Infinitiv (in der Grundform).

Mit diesen Suffixen kannst du Adjektive von Fremdwörten bilden:
*-ell*
*-ent*
*-iv*
z. B.
*die Finanzen – finanziell*
So bildest du Verben, z. B.:
*die Finanzen – finanzieren*

**b)** Überprüfe mit Hilfe eines Wörterbuches.
Welche Wörter hast du richtig geschrieben? Hake ab.

→ **Tipp 6**

# Fremdwörter ordnen und richtig schreiben

**Tipp 3** ←

**1 a)** Ergänze in der folgenden Tabelle die fehlenden Fremdwörter aus derselben Wortfamilie.

| Nomen | Verben | Adjektive |
|---|---|---|
| *die Demonstration* | demonstrieren | |
| | | interessant |
| die Produktion | | |
| | funktionieren | |
| | | konstruktiv |
| | philosophieren | |
| | | thematisch |
| die Dekoration | | |

**b)** Markiere alle typischen Fremdwortsuffixe und -buchstabenkombinationen (z. B. *The-/the* oder *-ant*, *-tion*, *-iv*).

**Tipp 6** ←

**2 a)** Stelle zu den folgenden Themen Fremdwörter aus den vorangegangenen Aufgaben zusammen. Notiere.

Kino/Film: *die Premiere,*

Technik: *reparieren,*

Zeitung/Neuigkeiten: *informativ,*

Berufe: *der Friseur,*

**b)** Ergänze zu jedem Themenbereich weitere Fremdwörter.
Überprüfe die Schreibweise mit Hilfe des Wörterbuchs.

# Teste dich!

## Fremdwörter richtig schreiben

**1** Fremdwörter gesucht! Setze die gesuchten Wörter in das Wörtergitter ein. /15

1: die Deutung (z. B. einer Geschichte), 2: der Wärmemesser,
3: streitsüchtig/angriffslustig, 4: der Glückwunsch,
5: wissenschaftlich begründete Aussage, 6: der Aufbau/Einbau,
7: Handwerker, 8: der Abstellraum für ein Auto, 9: das Stockwerk,
10: die Naturwissenschaft / das Unterrichtsfach,
11: die Peinlichkeit, 12: die Besonderheit / etwas Ungewöhnliches,
13: gegenwärtig/zeitgemäß, 14: der Filmstart, 15: heiße Quelle

**2 a)** Adjektive gesucht! Schreibe zu jedem Nomen ein Adjektiv aus derselben Wortfamilie auf. /7

das Chaos – ______________________

die Information – ______________________

die Blamage – ______________________

die Dekoration – ______________________

die Demonstration – ______________________

die Produktion – ______________________

die Philosophie – ______________________

**b)** Verben gesucht! Schreibe zu jedem Nomen ein Verb aus derselben Wortfamilie auf. /6

die Funktion – ______________________

die Konstruktion – ______________________

die Distanz – ______________________

die Diskussion – ______________________

der Monteur – ______________________

die Massage – ______________________

gesamt /28

# Fremdwörter richtig schreiben

Tipp 3 ←

**1** **a)** Suche aus den Fremdwörtern im Kasten Wortfamilien mit Nomen, Adjektiv und Verb. Schreibe sie auf wie im Beispiel.

> die Demonstration – konstruieren – demonstrieren – variieren – produktiv – konstruktiv – die Realität – produzieren – realisieren – die Aktualität – die Variation – realistisch – variabel – die Operation – demonstrativ – operativ – aktualisieren – operieren – aktuell – die Konstruktion – die Produktion

*die Demonstration – demonstrativ – demonstrieren,* ______________________

______________________

______________________

______________________

______________________

**b)** Markiere typische Fremdwort-Suffixe wie im Beispiel.

**c)** Notiere auch zu den folgenden Nomen je ein passendes Adjektiv und ein passendes Verb aus derselben Wortfamilie.

*das Interesse –* ______________________

*die Funktion –* ______________________

**2** In den folgenden Schlagzeilen sind Adjektive als „Zweifelsfälle" markiert. „Beweise" die Schreibweise durch ein verwandtes Nomen aus der Randspalte. Notiere es mit Artikel neben der Schlagzeile und ergänze die fehlenden Buchstaben.

die Attraktion
das Chaos
die Aktualität
die Aggression
die Physik
der Charakter

| | |
|---|---|
| Filmstar: „Rolle passt ◆arakterlich nicht zu mir!" | ______ |
| Fußballstar von a◆ressiven Fans bedroht | ______ |
| Wintereinbruch sorgt für ◆aotische Zustände | ______ |
| Reiseanbieter lockt mit a◆raktiven Angeboten | ______ |
| Politiker: „Die a◆tuelle Lage nehmen wir sehr ernst!" | ______ |
| Forscher erklärt ◆ysikalisches Wunder | ______ |

# *Fremdwörter richtig schreiben*

●●

**1** Im folgenden Text fehlen Fremdwörter. Ersetze die Wörter in Klammern durch passende Fremdwörter und ergänze die Lücken. Die Anfangsbuchstaben helfen dir dabei.

→ **Tipp 6**

**Nessie, der badende Zirkuselefant?**

Bis heute wird d______________ (besprochen), ob die Geschichten über Nessie der R______________ (die Wirklichkeit) entsprechen. Ein E______________ (der Fachmann) behauptete sogar, Nessie sei ein badender Zirkuselefant gewesen. Seine T______________ (die Annahme/Behauptung): In den 1930er-Jahren machten Wanderzirkusse oft St______________ (der Halt) am Loch Ness, um ihre Elefanten ein Bad nehmen zu lassen. Diese hätten auf F______________ (Lichtbildern) dann tatsächlich wie Nessie ausgesehen. Ob damit die E______________ (das Vorhandensein) von Nessie widerlegt ist?

**2** Fremdwörter gesucht!

→ **Tipp 2,6**

**a)** Notiere möglichst viele Fremdwörter mit den angegebenen Suffixen.

-age ______________________________

-tion ______________________________

-eur ______________________________

**b)** Überprüfe die Schreibung mit Hilfe eines Wörterbuches.
Hake richtig geschriebene Wörter ab und korrigiere Fehlschreibungen.

# Besondere Fälle der Rechtschreibung

## Was kannst du schon?

Tipp 1 ←

**1** Bei den folgenden Wörterpaaren ist eines anders „gebaut" als die anderen.

**a)** Suche es heraus, indem du in den Lücken den passenden *s*-Laut ergänzt.

| flossen | rissen | gossen | schlossen | wussten | genossen |
|---|---|---|---|---|---|
| flie___en | rei___en | gie___en | schlie___en | wi___en | genie___en |

**b)** Untersuche die Wörter aus ↗ Aufgabe a genauer. Erkläre, in welchen Fällen ein Wort mit *ß* geschrieben wird.

Ein ß folgt meist nach ____________________

**2** Lernwörter gesucht!

**a)** Notiere in jeder Spalte möglichst viele Wörter, die du kennst.

| Wörter mit V/v (ohne ver-/vor-) | lang gesprochenes i als einfaches i |
|---|---|
| | |
| | |
| | |
| | |
| | |
| | |
| | |
| | |
| | |

Tipp 6 ←

**b)** Überprüfe die Schreibungen mit Hilfe eines Wörterbuchs.
Wie viele Wörter hast du richtig geschrieben?
Hake ab und korrigiere Fehlschreibungen.

# Wörter mit *ß* richtig schreiben

**1** Im Kasten gehören jeweils zwei Wörter zur gleichen Wortfamilie.

| |
|---|
| ~~die Begrüßung~~, süßen, die Fleißaufgabe, vergrößern, der Süßstoff, der Spaßvogel, bloß, spaßig, verstoßen, ~~gegrüßt~~, die Stoßstange, fleißig, die Großstadt, die Blöße |

**a)** Schreibe die Wörterpaare nebeneinander auf und markiere das *ß*.

**b)** Notiere zu jedem Paar ein weiteres verwandtes Wort. Markiere auch hier das *ß*.

*die Begrüßung, gegrüßt,* ______

______

______

______

______

______

______

Wörter einer **Wortfamilie** sind **verwandt**, weil sie den gleichen Wortstamm besitzen, z. B.: *die Füße barfuß*

→ **Tipp 3, 6**

**2** *ss* oder *ß*? Trage die Wörter in Klammern in den passenden Formen in die Lücken ein.

→ **Tipp 1, 2**

- Gestern haben wir nichts ______ . Vielleicht gelingt es uns heute, etwas zu ______ . (beschließen)
- Ich ______ meine Ferien. Die habe ich immer ______ . (genießen)
- Ihr Hund trägt einen Maulkorb, weil er schon einmal ______ hat. Sie hofft, dass er nun nicht mehr ______ . (beißen)

Bei **verwandten Wörtern** können sich der Vokal und der *s*-Laut **ändern**, z. B.: *vergessen, vergaß*

Es gibt nur wenige Wörter, die mit ***ß*** geschrieben werden. Vor dem ***ß*** steht immer ein **betonter langer Vokal** oder **Doppellaut**, z. B.:
*der Gru**ß**, schlie**ß**lich, drau**ß**en*

Der **s-Laut** kann sich innerhalb einer Wortfamilie ändern, wenn der kurz gesprochene Vokal zu einem lang gesprochenen wird oder umgekehrt, z. B.:
*verge**ss**lich, verge**ss**en, verga**ß***     *der Schlu**ss**, schlie**ß**en, beschlo**ss**en*

# Wörter mit *V*/*v* richtig schreiben

**Tipp 2, 6** ←

**1** Im Wörtergitter sind 22 Nomen mit *V* versteckt. Markiere diese.

| | | | | | | | | | | | | | | | | | | | |
|---|---|---|---|---|---|---|---|---|---|---|---|---|---|---|---|---|---|---|---|
| R | V | E | N | T | I | L | A | T | O | R | V | A | N | I | L | L | E | O | V |
| E | I | V | E | G | E | T | A | R | I | E | R | G | J | V | Z | P | I | V | I |
| G | L | O | V | A | M | P | I | R | V | E | V | M | V | I | S | I | T | E | S |
| V | L | K | U | V | E | R | N | I | S | S | A | G | E | R | G | M | F | N | I |
| I | A | A | V | I | S | U | M | A | S | U | S | P | R | U | G | C | U | T | E |
| D | V | L | V | O | L | U | M | E | N | L | E | F | B | S | F | N | F | I | R |
| E | V | I | T | A | L | I | T | Ä | T | V | I | O | L | I | N | E | R | L | F |
| O | V | A | K | U | U | M | V | E | R | A | N | D | A | V | U | L | K | A | N |
| X | U | K | R | A | E | V | I | T | R | I | N | E | E | F | B | S | E | I | N |

**2 a)** Welche Wörter aus ↗ Aufgabe 1 werden hier gesucht?
Ergänze passende Nomen mit ihren Artikeln.

der Schaukasten: die ☐☐☐☐☐☐☐, der bewegliche Teil eines Helms: das ☐☐☐☐☐☐, großes Haus: die ☐☐☐☐☐, der Verschluss (z. B. bei einem Reifen): das ☐☐☐☐☐☐, der Vorbau: die ☐☐☐☐☐☐☐, der Inhalt / die Fülle: das ☐☐☐☐☐☐☐, die Einreiseerlaubnis: das ☐☐☐☐☐, Besuch im Krankenhaus: die ☐☐☐☐☐☐, Gefäß (z. B. für Blumen): die ☐☐☐☐, Selbstlaut: der ☐☐☐☐☐, Wortart: das ☐☐☐☐, luftleerer Raum: das ☐☐☐☐☐☐, die Ausstellungseröffnung: die ☐☐☐☐☐☐☐☐☐☐, Filmaufzeichnung: das ☐☐☐☐☐, Gewürz für Süßspeisen: die ☐☐☐☐☐☐☐

**b)** Welche der Fremdwörter aus ↗ Aufgabe 1 passen in die folgenden Schlagzeilen?
Ergänze die Lücken.

______________ **speit wieder Feuer! Gefahr für Bevölkerung?**

Graf Dracula – gab es den sagenumwobenen ______________ wirklich?

**Fleischlos glücklich – Leben ______________ wirklich gesünder?**

**c)** Ergänze die Lücken in den Schlagzeilen mit Wörtern aus ➚ Aufgabe 1.

Musiker verzweifelt: ______________________ im Wert von einer Million Euro gestohlen

Rekordhitze! Ohne ______________________ geht gar nichts mehr

Gefährliches ______________________ macht Haustiere krank

Faulsein ist gesund: Mehr ______________________ durch Ausschlafen

→ Tipp 2, 6

**3** **a)** Notiere fünf Wörter aus ➚ Aufgabe 1, deren Schreibung nicht einfach ist.
Markiere typische Fehlerstellen wie im Beispiel.

*das Vakuum,* ______________________

______________________

______________________

**b)** Trainiere die Schreibung, indem du zu jedem Wort einen Beispielsatz in dein Heft schreibst.

**4** **a)** Bilde mit den Verben in der Randspalte möglichst viele Verben mit *ver-* und *vor-*.
Fallen dir noch weitere geeignete Verben ein?

bereiten
bringen
fahren
führen
hängen
halten
jagen
liegen
meiden
nehmen
passen

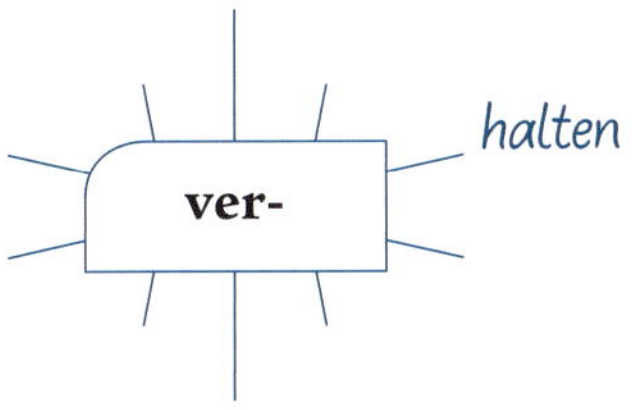


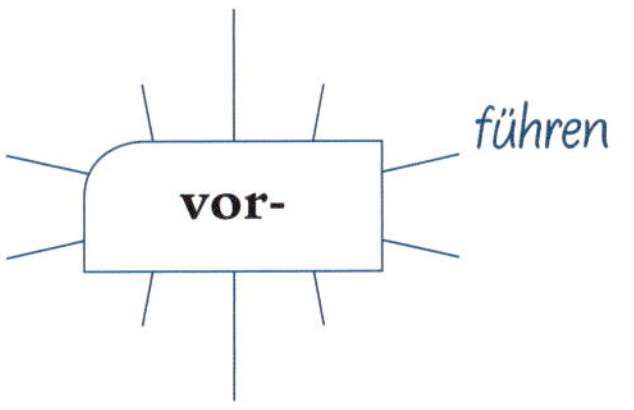


**b)** Schreibe zu drei Verben aus jeder Gruppe ein verwandtes Nomen auf.

*vertreten – die Vertretung,* ______________________

______________________

*vortragen – der Vortrag,* ______________________

______________________

→ Tipp 3

Viele Wörter mit ***V/v*** sind **Fremdwörter**, deren Schreibung man sich merken oder im Wörterbuch nachschlagen muss.
Man sollte außerdem auf typische Wortbausteine achten, wie ***Ver-/ver-*** oder ***Vor/vor-***, z. B.:
*der **Ver**dienst, die **Ver**sicherung, **ver**treten, **ver**gleichen, **ver**tragen, **ver**halten*
*die **Vor**arbeit, das **Vor**urteil, **vor**schlagen, **vor**tragen, **vor**her, **vor**lesen, **vor**führen*

# Wörter mit einfachem *i* richtig schreiben

**Tipp 2, 6** ←

**1** Die Wörter im Wörterkasten haben ein betontes langes *i* – trotzdem schreibt man sie mit einem einfachen *i*.

die Cousine – das Benzin – die Bibel – die Brise – die Elite – die Fabrik – die Gardine – die Kantine – das Kilo – das Klima – die Klinik – die Krise – die Kritik – die Lawine – das Lid – das Lineal – die Linie – der Liter – die Mandarine – die Margarine – die Maschine – die Notiz – die Politik – das Reptil – der Stil – der Termin – das Souvenir – der Tiger – das Vitamin – das Ventil

**a)** Welche Wörter sind hier gemeint? Schreibe passende Wörter aus dem Kasten in die Klammern. Notiere alle Nomen mit ihren Artikeln.

Achtung, fettig! (*die Margarine*) – das Urlaubsandenken (__________)

kühlt, wenn's heiß ist (__________) – kalt, schnell, gefährlich (__________)

damit wird's gerade (__________) – kann man zunehmen oder abnehmen (__________)

die Besten der Besten (__________) – schnell hingeschrieben (__________)

hält gesund (__________) – essen, trinken, Pause machen (__________)

**b)** Denke dir zu fünf weiteren Wörtern aus dem Kasten ähnliche Kurzbeschreibungen aus. Schreibe sie auf wie im Beispiel.

**Hinweis**
Möglich sind auch treffende Werbesprüche oder kurze Slogans, z. B.:
*schnell und grün (das Reptil)*
*Hat nicht jeder! (der Stil)*

*treibt Autos an (das Benzin) –*

Einige Wörter, die man mit **betontem langen *i*** spricht, schreibt man trotzdem mit **einfachem *i***. Es sind häufig **Fremdwörter**, deren Schreibung man sich einprägen oder im Wörterbuch nachschlagen muss.

Die **meisten Wörter** mit betontem langem ***i*** schreibt man mit ***ie***.

**2** **a)** Trainiere die Schreibung der Wörter mit einfachem *i*.
Schreibe Schlagzeilen in dein Heft, in denen möglichst viele davon vorkommen.

**b)** Markiere die Wörter mit einfachem *i* wie im Beispiel.

*Klimakrise sorgt für Umdenken in der Politik.*

*Geheime Notiz in der Bibel entdeckt?*

# Besondere Fälle der Rechtschreibung

**1 a)** *ss* oder *ß*? Ergänze die Wörter in der richtigen Schreibweise. /10

**Ein (Flo???) ______________ wird kommen**

Seit 2008 (wei???) ______________ man, (da???) ____________ erstmals mehr Menschen in Städten als auf dem Land leben. Aber wie soll man (blo???) ____________ all die Menschen in der (Gro???stadt) __________________ ernähren? Die US-amerikanische Organisation „New York Sun Works" hat einen (Vorsto???) ________________ gewagt: Sie schlägt „schwimmende Äcker" vor, die auf den (Flü???en) ________________ in dicht besiedelten Gebieten treiben sollen. Dafür brauchen sie Energie, was einigen ein schlechtes (Gewi???en) __________________ bereitet. Doch Umweltschützer (begrü???en) __________________ den Plan: (Schlie???lich) ____________________ werden die „schwimmenden Äcker" mit Biodiesel, Solar- und Windkraft betrieben.

**b)** Bei den Lückenwörtern gibt es jeweils zwei Wortpaare, die zu einer Wortfamilie gehören. Notiere die Nomen mit Artikeln. /4

______________________________________________________________________

______________________________________________________________________

**2** Wörter mit *V-/v-* gesucht! Ergänze in den Meldungen die passenden Wörter in der richtigen Schreibweise. Achtung: Bei einigen Wörtern handelt es sich um Zusammensetzungen. /9

+++ Günstig wohnen: Millionärs____________________ zum Schnäppchenpreis +++ Blutsauger abgelichtet: ____________________-Fotos aufgetaucht +++ ____________________ demonstrieren gegen Fleischproduktion +++ ____________________aufnahmen beweisen: ____________________ausbruch steht kurz bevor +++ 200 Jahre alte ____________________: Klang begeistert Publikum +++ Mittel gegen Grippe____________________ auf dem Markt +++ Besucherrekord: ____________________ lockt Kunstbegeisterte an +++ Politiker fordern: Nach Ministerrücktritt muss Macht____________________ gefüllt werden +++

gesamt /23

# Besondere Fälle der Rechtschreibung

Tipp 1 ←

**1** **a)** Ergänze in den folgenden Wörterreihen die richtigen *s*-Laute.
Achtung: In jeder Reihe wird ein Wort anders geschrieben.

**b)** Schreibe die Wörter mit dem passenden *s*-Laut auf. Markiere das Wort, das nicht passt.

der Strau___ – drau___en – me___bar – blo___ stellen – flie___en – die So___e

das Gewi___en – der Ku___ – verge___lich – genie___en – das Fre___en – der Beschlu___

hei___ – scheu___lich – au___en – der Scho___ – hei___en – grü___en – das Schlo___

**c)** In der folgenden Wörterreihe passt ein Wort nicht zur Wortfamilie.
Ergänze die fehlenden *s*-Laute und umkreise das Wort, das nicht passt.

der Wi___enschaftler – wi___begierig – die Wie___e – wi___entlich – gewu___t – er wei___

Tipp 6 ←

**2** Wörter mit einfachem *i* und *V/v* gesucht! Ergänze in der richtigen Schreibweise.

1: die Geige, 2: Mensch, der kein Fleisch isst,
3: das Kriechtier, 4: herabfallende Schneemassen,
5: in Obst und Gemüse enthaltener Wirkstoff,
6: stacheliges Tier, 7: die Wortart, 8: das Erinnerungsstück,
9: die Leere / das Nichts, 10: die Maßeinheit, 11: weibliche
Verwandte, 12: feuerspeiender Berg, 13: pflanzliches Fett,
14: Teil des Auges, 15: wenige aufgeschriebene Wörter,
16: Wasserbehälter für Blumen, 17: die Besten der Besten

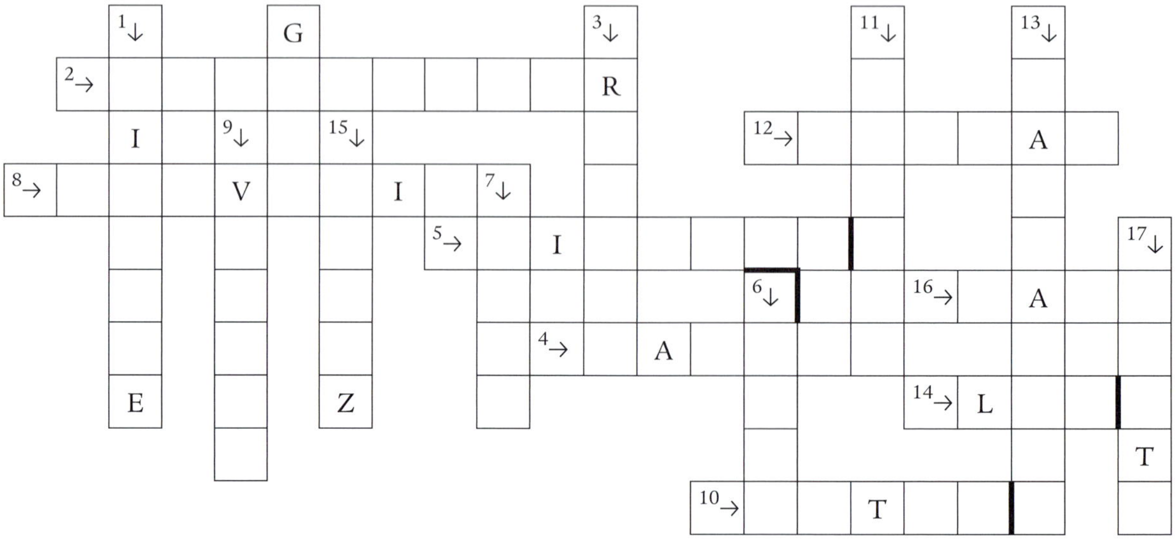

# Besondere Fälle der Rechtschreibung

**1** Die folgende Zeitungsmeldung enthält sieben Fehler bei den *s*-Lauten.

**a)** Unterstreiche die fehlerhaften Wörter und schreibe sie korrigiert in die rechte Spalte.

Achtung, Fehler!

| | |
|---|---|
| **Streß vorm Fest** | |
| Plätzchen backen, Baum schmücken, Geschenke kaufen: Die | |
| Weihnachtszeit kann ganz schön streßig sein. Und das macht | |
| so vergeßlich, dass mancher bei seinen Einkaufstouren | |
| schliesslich nicht mehr weiß, wo er das eigene Auto abgestellt | |
| hat. In Schweden jedenfalls werden im Dezember ziemlich | |
| viele Autodiebstähle gemeldet. Eine Versicherungsfirma hat | |
| desswegen hilfreich Tipps verschickt, wie man besser auf sein | |
| Auto aufpaßt und dann die Weihnachtszeit geniest. | |

**b)** Notiere zu zwei korrigierten Fehlerwörtern deiner Wahl möglichst viele Wörter aus der gleichen Wortfamilie.

→ Tipp 3

**2** Bilde mit den Bausteinen in der linken Spalte und den Verben in der rechten Spalte neue Wörter und schreibe sie auf. Ersetze hierfür jeweils die ersten Bestandteile der Verben.

| | |
|---|---|
| *V/ver-, V/vor-, voll -* | *aus*ziehen, *ab*spielen, *ent*wickeln, *auf*schlagen, *be*suchen, *mit*bringen, *auf*stehen, *mit*schreiben, *er*tragen, *be*merken |

vorziehen,

# Sinnvoll berichtigen – Übungsbedarf feststellen

## Mit Fehlern umgehen

**1 a)** Lies den folgenden Text, der sieben Rechtschreibfehler enthält.

**Achtung, Fehler!**

**„Spiderman“ begeistert Fans weltweit**

Der französische Fassadenkletterer Alain Robert wurde beim
erklimmen eines Wolkenkratzers in São Paulo festgenommen.
Ein Jurnalist, der sich zufälligerweise am sonntagabend im
Panorama-Restaurant des Wolkenkratzers aufhielt, berichtete live
von der Kletteraktion. Begeistert ferfolgten die Fans jeden schritt
ihres Stars im Internet. Die Nachricht, dass Alain Robert fest-
genommen und verhört wurde, sorgte weltweit für Empörung.
Seine Aktion mache Spass und könne Menschen mutmachen,
ihre Ängste zu überwinden, so der Sprecher einer Fan-Gemeinde.

**b)** Überprüfe die Rechtschreibung des Textes mit den folgenden Schritten.

**Schritt 1:** Den Text von hinten nach vorne lesen

- Lies den Text von hinten nach vorne und konzentriere dich auf jedes Wort.
- Überlege bei jedem Wort, ob es deiner Meinung nach richtig geschrieben ist.
- Unterstreiche es, wenn es deiner Meinung nach verbessert werden muss.

**Schritt 2:** Den Text langsam lesen, auf den Satzzusammenhang achten

- Lies den Text langsam Wort für Wort, Satz für Satz durch.
- Achte auf Begleitwörter für Nomen und umrahme sie. Stelle Bezüge durch Pfeile her.
- Unterstreiche weitere Wörter, die deiner Meinung nach verbessert werden müssen.

**Schritt 3:** Den Text ein drittes Mal lesen, Fehler berichtigen

- Lies den Text ein drittes Mal aufmerksam durch.
- Unterstreiche weitere Wörter, die deiner Meinung nach falsch sind.
- Verbessere die Fehlerwörter und schreibe sie korrigiert an den Rand.

**Schritt 4:** Die eigene Korrektur überprüfen

- Überprüfe den Text gemeinsam mit einer Partnerin / einem Partner.
- Schlage schwierige Wörter im Wörterbuch nach.

# Texte schreiben – das Rechtschreibkönnen prüfen

**1 a)** Wie sicher du in der Rechtschreibung bist, kannst du beim Schreiben eigener Texte feststellen. Lies die folgende Zeitungsmeldung über den Vorfall mit Alain Robert, von dem du auf ↗ S. 72 schon erfahren hast.

**Französischer „Spiderman" vorm Ziel gescheitert**

Der französische Fassadenkletterer Alain Robert ist beim Erklimmen eines 150 Meter hohen Wolkenkratzers mit Panorama-Restaurant in São Paulo festgenommen worden. Kurz bevor er die Spitze des Italia-Gebäudes im Stadtzentrum erreichte, fingen Wachleute „Spiderman" Robert am Sonntagabend ab, berichtete die Polizei. Die Wächter packten den 36-Jährigen bei den Füßen und zwangen ihn zum Abbruch seiner Aktion. Robert kam nach kurzer Vernehmung wieder frei. Er war frustriert, es nicht bis ganz nach oben geschafft zu haben, und wolle es nochmals versuchen – dieses Mal aber mit der Erlaubnis der Behörden. (...)

**b)** Schreibe die Zeitungsmeldung so um, dass aus einer anderen Perspektive berichtet wird, z. B.:

*Kletteraktion verursacht Unfall*

*Am Sonntagabend kam es in der Innenstadt São Paulos zu einem Auffahrunfall, an dem mehrere Fahrzeuge beteiligt waren. Als Ursache ermittelte die Polizei ...*

Führe den Beispieltext fort oder schreibe einen ganz neuen Text aus einer anderen Perspektive.

**2** Überprüfe deinen Text anhand der vier Schritte auf ↗ S. 72.

**3 a)** Stelle mit Hilfe der Checkliste auf den nächsten beiden Seiten fest, in welchen Bereichen der Rechtschreibung du schon sicher bist und wo du noch üben musst. Kreuze an.

**b)** Übe die Bereiche der Rechtschreibung, bei denen du noch viele Fehler machst. Die Tipps und Techniken zum Weiterüben, die auf den folgenden Seiten vorgestellt werden, helfen dir dabei.

| | das kann ich schon | das muss ich noch üben |
|---|---|---|
| Groß- und Kleinschreibung | | |
| Nomen an ihren Begleitwörtern erkennen und großschreiben, z. B.: *Sie schreibt den Text.* | | |
| Nomen an typischen Suffixen (Nachsilben) erkennen und großschreiben, z. B.: *die Freundschaft* | | |
| Adjektive an typischen Suffixen (Nachsilben) erkennen und kleinschreiben, z. B.: *aufmerksam* | | |
| Nominalisierte Verben erkennen und großschreiben, z. B.: *Beim Üben macht er wenig Fehler.* | | |
| Nominalisierte Adjektive erkennen und großschreiben, z. B.: *Auf der Reise erlebten sie viel Neues.* | | |
| Feste Wendungen erkennen und großschreiben, z. B.: *im Allgemeinen, in Betracht kommen* | | |
| Zeitangaben, die Nomen sind, erkennen und großschreiben, z. B.: *der Mittwoch, der Morgen, der Sonntagmorgen, heute Mittag* | | |
| Zeitangaben mit *-s* am Ende und Zeitadverbien erkennen und kleinschreiben, z. B.: *heute, morgen, mittags, abends* | | |
| Grund-, Ordnungs- und Bruchzahlen erkennen und kleinschreiben, z. B.: *In unserer Gruppe sind sechs Mitglieder.* | | |
| Zahlen, die als Nomen verwendet werden, erkennen und großschreiben, z. B.: *Die Acht ist meine Lieblingszahl.* | | |
| Eigen- und Straßennamen richtig schreiben, z. B.: *Berliner Tor, Am Alten Teichweg* | | |
| Schreibung von betonten langen Vokalen | | |
| Wörter mit einfachem Vokal richtig schreiben, z. B.: *die Schule* | | |
| Wörter mit Dehnungs-*h* richtig schreiben, z. B.: *wohnen* | | |
| Wörter mit Doppelvokal richtig schreiben, z. B.: *das Boot* | | |
| Wörter mit *ie* richtig schreiben, z. B.: *liegen* | | |

| | das kann ich schon | das muss ich noch üben |
|---|---|---|
| Schreibung nach betonten kurzen Vokalen | | |
| Wörter mit zwei oder mehr verschiedenen Konsonanten richtig schreiben, z. B.: *der Winter, er bringt* | | |
| Wörter mit Doppelkonsonanten und *ck* bzw. *tz* richtig schreiben, z. B.: *das Wasser, drucken, schützen* | | |
| Getrennt- und Zusammenschreibung | | |
| Verbindungen aus Nomen und Verb getrennt schreiben, z. B.: *Fahrrad fahren, Musik hören* | | |
| Verbindungen aus Verb und Verb getrennt schreiben, z. B.: *schreiben lernen, rechnen können* | | |
| Verbindungen mit *sein* getrennt schreiben, z. B.: *froh sein, lustig sein* | | |
| Verbindungen aus Adjektiv und Verb mit wörtlicher Bedeutung getrennt schreiben, z. B.: *Er hörte uns laut lachen.* | | |
| Verbindungen aus Adjektiv und Verb mit übertragener Bedeutung zusammenschreiben, z. B.: *Den Fehler will er richtigstellen.* | | |
| Mehrteilige Adverbien, Konjunktionen, Präpositionen und Pronomen zusammenschreiben, z. B.: *irgendwie, soweit, anstatt, irgendeiner* | | |
| Fremdwörter und besondere Fälle der Rechtschreibung | | |
| Fremdwörter erkennen und richtig schreiben, z. B.: *die Sensation, die Montage, theoretisch* | | |
| Wörter mit *ß* nach betontem langem Vokal richtig schreiben, z. B.: *schließen, der Gruß* | | |
| Wörter mit *V/v* oder *Ver-/ver-*, *Vor-/vor-* richtig schreiben, z. B.: *die Vanille, verlieren, der Vortrag, vorbringen* | | |
| Wörter mit einfachem *i* richtig schreiben, z. B.: *die Krise, die Gardine* | | |

# *Tipps und Techniken zum Weiterüben*

## Mit Fehlerwörtern arbeiten

Die Schreibung von Wörtern, die du in einem Text berichtigt hast, kannst du weiter trainieren.

- Du arbeitest an deinen persönlichen Übungsschwerpunkten.
- Du konzentrierst dich auf die Schreibung bestimmter Wörter und prägst dir dadurch die Schreibweise ein.
- Du verwendest persönliche Fehlerwörter in anderen Zusammenhängen (z. B. Wortfamilien, Sätze) und prägst dir dadurch die Schreibung besser ein.

**1** **a)** Erstelle zu den Wörtern, die du in deinem Text zu ➚ Aufgabe 1, S. 73 falsch geschrieben hast, Karteikarten wie im Beispiel.

*beim Erklettern*
*Beim Erklettern des Hochhauses wurde er von seinen Fans bejubelt.*
*beim Lachen, zum Weinen, das Sprechen, das Zuhören*

*Mut machen*
*Vor der Prüfung haben mir meine Freunde Mut gemacht.*
*Angst haben, Lust haben, Tennis spielen, Hilfe holen*

*der Spaß*
*Auf der Klassenreise hatten wir viel Spaß.*
*spaßen, spaßig, der Spaßvogel, spaßeshalber, der Spaßmacher*

*der Journalist*
*Der Journalist schrieb einen Bericht für die Zeitung.*
*das Journal, der Journalismus, journalistisch*

**b)** Trainiere die Schreibung der Fehlerwörter, indem du

- dir die Wörter und Sätze von einer anderen Person diktieren lässt,
- dir die Schreibung der Wörter auf den Karten einprägst und sie aus dem Gedächtnis aufschreibst,
- abschließend die Schreibung mit Hilfe der Karten kontrollierst.

# Mit Wortlisten üben

Fremdwörter, die schwer zu schreiben sind, kannst du mit Hilfe von Wortlisten üben.

- Du stellst Wörter nach thematischen Schwerpunkten zusammen und gewinnst dadurch in diesem Bereich Sicherheit.
- Du lernst die richtige Schreibung, indem du dich besonders auf die Schreibung eines Wortes konzentrierst.
- Du korrigierst deine Fehler selbst und kannst daraus lernen.

Mit Wortlisten kannst du auch die Schreibung von Wörtern trainieren, bei denen du dich häufig verschreibst.

**1** Erstelle eine Wortliste mit Fremdwörtern zu einem bestimmten Thema, z. B. *Internet*.

**a)** Falte ein Blatt Papier wie im Beispiel, sodass drei gleich breite Spalten entstehen.

**b)** Trage in die erste Spalte Fremdwörter ein, die zu einem bestimmten Thema passen. Überprüfe, ob du die Wörter richtig geschrieben hast, z. B. mit Hilfe eines Wörterbuchs.

**c)** Lies das erste Übungswort und präge es dir gut ein. Klappe dann die erste Spalte um und schreibe das Übungswort in die dritte Spalte.

**d)** Decke die Liste mit den Übungswörtern wieder auf. Überprüfe, ob du das Wort richtig geschrieben hast.

**e)** Setze einen Haken bei richtig geschriebenen Wörtern. Streiche das Wort durch, wenn es falsch geschrieben ist, und schreibe es in der mittleren Spalte noch einmal richtig auf.

# Richtig abschreiben und mit Diktaten üben

**1** Du kannst an deiner Rechtschreibung arbeiten, indem du Wörter und Sätze richtig abschreibst.

- Du lernst die Schreibung, indem du dir Teilsätze einprägst und dich beim Schreiben darauf konzentrierst.
- Du korrigierst deine Fehler selbst und kannst daraus lernen.

Durch **richtiges Abschreiben** kannst du deine Rechtschreibung gezielt verbessern.
Gehe schrittweise vor:

**1. Schritt:** Lies den Text aufmerksam durch.

**2. Schritt:** Präge dir den ersten Abschnitt (bis zum Schrägstrich) ein.
Decke die Vorlage ab und schreibe den Abschnitt auf.

**3. Schritt:** Vergleiche mit der Vorlage. Hake ab, wenn die Schreibung stimmt.
Verbessere, wenn du Fehler findest.

Wiederhole die Schritte 1–3 bis du den gesamten Text abgeschrieben hast.

Übe deine Rechtschreibung mit Hilfe der Texte auf ↗ S. 79–80 durch richtiges Abschreiben.

**2** Diktate können dir helfen, die Rechtschreibung zu trainieren und dich darin zu verbessern.

- Du kannst Wörter, bei denen du dich oft verschreibst, besonders üben.
- Du lernst, genau hinzuhören, und dich auf Wörter und Satzteile zu konzentrieren.
- Du korrigierst deine Fehler selbstständig oder mit einer Lernpartnerin / einem Lernpartner und lernst daraus.

**So übst du mit dem Partnerdiktat:**

**1. Schritt:** Lies den Text aufmerksam und langsam durch. Schreibe Wörter heraus, die du schwierig findest. Übe sie durch richtiges Abschreiben.

**2. Schritt:** Lass dir den Text von einer Lernpartnerin / einem Lernpartner abschnittsweise diktieren.

**3. Schritt:** Lies deinen Diktattext aufmerksam durch und überprüfe die Schreibung.

**4. Schritt:** Kontrolliere deinen Diktattext mit Hilfe der Vorlage gemeinsam mit deiner Lernpartnerin / deinem Lernpartner. Verbessere Fehler.

Übe deine Rechtschreibung mit Hilfe der Texte auf ↗ S. 79–80 in Form von Partnerdiktaten.

# Übungstexte

**Die unsichtbare Macht /**

Ohne Energie stünde die Welt still: / Es rollten keine Autos, / es gäbe kein Licht, / und wir selbst könnten nicht einmal / mit der Wimper zucken. / Denn das Problem mit / der unsichtbaren Macht ist ja: / Macht sie nichts, ist es, / als wäre sie gar nicht da. / Physiker umschreiben Energie darum / als etwas, das Arbeit verrichten kann / und sich bei jeder dieser Arbeitsleistungen / nicht verbraucht, / sondern in eine andere Form verwandelt. /

**Elektrizität – Was die Welt erhellt /**

Es heißt, New York sei die Stadt, / die niemals schläft. / Denn selbst bei Nacht erstrahlt die Metropole / im Schein der Abermillionen Lichter taghell. / Da verwundert es nicht, / dass weltweit für Beleuchtung / fast ein Fünftel des elektrischen Stroms / verbraucht wird! / Was da durch die Kabel „strömt", / wenn man den Lichtschalter drückt, / sind übrigens Elektronen, / jene Teilchen eines Atoms, / die eine negative Ladung haben. / Und je mehr Teilchen unterwegs sind, / desto größer ist der Energiefluss. /

**Computer mit Kurbel /**

Was hat man früher nicht alles angekurbelt: / Kaffeemühlen, Leierkästen, / ja sogar Telefonapparate und Kameras. / Und heute kommen Computerhersteller / wieder auf den Dreh. / Vor kaum vier Jahren / stellte das berühmte US-amerikanische / Forschungsinstitut MIT einen Laptop vor, / der nicht nur mit Netzkabel / oder Batterie, / sondern auch durch einen Kurbeldynamo / betrieben werden kann. / Das robuste Gerät ist vor allem / für Kinder in Entwicklungsländern gebaut worden. / Dort nämlich sind viele Dörfer / nicht ans Stromnetz angeschlossen / und herkömmliche Rechner darum unbrauchbar. /

**Lange Wege /**

Kleidung wird längst nicht mehr / an einem Ort geschneidert. / In unserer globalisierten Welt / wird der Stoff für eine Hose etwa / in China gefärbt, / in Indien zugeschnitten / und in der Türkei genäht. / Wenn wir es kaufen, hat das gute Stück / womöglich schon / eine halbe Weltreise hinter sich. / Kaum verwunderlich, / dass der Transport mancher Kleidungsstücke / darum doppelt so viel Energie verschlingt / wie die komplette Fertigung! /

**Federball /**

Sie picken nicht, sie kicken. / Einige Gockel im Nordosten Chinas / spielen tatsächlich Fußball. / Ein Mannschaftssport ist das aber nicht. / Die Kicker treten solo gegeneinander an. / Hahn gegen Hahn jagen sie / über den Asphalt, dem Ball hinterher. / So hat es ihnen ihre Trainerin / nun einmal beigebracht. / Die behauptet auch, die gefiederten Straßenkrallenballer / hätten Spaß an der Sache. / Tierschützer sind dagegen skeptisch / und fürchten um das Wohl der Tiere. /

**Laufen fürs Köpfchen /**

Regelmäßiges Laufen / hilft nicht nur fit zu bleiben, / sondern fördert auch die Konzentration. / Das haben Wissenschaftler / der Universität Ulm / jetzt herausgefunden. / Schon sechs Wochen intensives Lauftraining / verbesserten bei den hundert Versuchspersonen / das Gedächtnis, / die Konzentrationsfähigkeit / und die Stimmung. / Manche Reize werden besser / und schneller verarbeitet, / wenn man regelmäßig läuft. /

**Neue Sportart? /**

„Über seinen Schatten springen" / sagt man, wenn jemand etwas tut, / obwohl es seinen eigenen Überzeugungen / oder seinem Charakter widerspricht. / Die Redewendung geht / auf den alten Glauben zurück, / der Schatten einer Person / sei mit ihr so eng verbunden / wie ihr inneres Wesen, ihr Charakter. / In vielen Geschichten spielt / der Schatten eine große Rolle, / wie zum Beispiel / im Kindermärchen „Peter Pan", / der sich seinen Schatten / von seiner Freundin Wendy an die Fersen nähen lässt, / nachdem er ihn einmal verloren hat. /

**Golf im Weltall /**

In einem klobigen, schweren Raumanzug / ist es gar nicht so leicht, / einen grazilen Golfschlag hinzubekommen. / 2006 hat ein russischer Kosmonaut / bei einem Weltraumspaziergang / mit dem längsten Golfabschlag aller Zeiten / einen neuen Rekord aufgestellt. / Rund drei Tage / sollte der extra leichte Golfball / durchs Weltall fliegen / und dann bei Eintritt in die Erdatmosphäre verglühen. / Mit dem Golfschlag wollte eine kanadische Firma / für ihre Golfprodukte werben. /